열정으로 이끄는 리더십
내가 원하는 대로 상대를 움직이게 하는 기술

김해원

열정으로 이끄는 리더십
내가 원하는 대로 상대를 움직이게 하는 기술

초판 1쇄 인쇄일 2018년 5월 8일
초판 1쇄 발행일 2018년 5월 15일

지은이 김해원
펴낸이 양옥매
디자인 표지혜 송다희

펴낸곳 도서출판 책과나무
출판등록 제2012-000376
주소 서울특별시 마포구 방울내로 79 이노빌딩 302호
대표전화 02.372.1537 **팩스** 02.372.1538
이메일 booknamu2007@naver.com
홈페이지 www.booknamu.com
ISBN 979-11-5776-569-0(03320)

이 도서의 국립중앙도서관 출판시도서목록(CIP)은 서지정보유통지원 시스템
홈페이지(http://seoji.nl.go.kr)와 국가자료공동목록시스템
(http://www.nl.go.kr/kolisnet)에서 이용하실 수 있습니다.
(CIP제어번호 : CIP2018017269)

*저작권법에 의해 보호를 받는 저작물이므로 저자와 출판사의 동의 없이 내용의 일부를
 인용하거나 발췌하는 것을 금합니다.
*파손된 책은 구입처에서 교환해 드립니다.

내가 원하는 대로 상대를 움직이게 하는 기술

열정으로 이끄는 리더십
LEADERSHIP

○ 김해원 ○
지음

책나무

Prologue

상대를 내 편으로 만드는 기술

오늘날 산업사회의 구성원인 평범한 직장인이나 조직의 리더, 기업의 경영자들은 여러 사람의 손이 필요한 일을 해내야 하는 상황에 수도 없이 처하게 된다. 그러나 다른 사람을 자기 뜻대로 움직이게 하는 것은 쉬운 일이 아니다. 십인십색, 저마다 성향이 다양한 사람들을 자기 뜻에 따라 움직이게 하기란 어렵고도 힘든 일이 아닐 수 없다. 이 책은 그러한 상황에서 어떻게 해야 다른 사람을 자기 마음대로 움직일 수 있고, 반항하는 사람을 원하는 방향으로 움직일 수 있는가에 대한 힌트를 제시한다.

어떻게 하면 다른 사람들을 자발적으로 움직이게 할 것인지에 대하여 필자가 수년간 기업체 현장에서 혁신 활동을 하면서 경험으로 체득한 지혜를 책으로 엮게 됐다. 조직원들을 이끌며 스트레스를 받는 사람들, 남에게 섣불리 일을 시키지 못하는 사람들, 팀원들에게 일을 시키면서 인정받고 싶어 하는 리더들을 염두에 두고 집필하였다.

이 책에서 말하는 방법을 활용하면 갈등을 겪지 않고 다른 사람을 자기 마음대로 움직임과 동시에 그 사람을 자기편으로 만들 수 있다. 또 다른 사람을 조직이 원하는 방향으로 움직이게 함으로써 개인과 조직의 성장에 이바지하는 효과가 있다. 각자의 상황과 상대방이 누구인지에 따라 적용할 방법은 수없이 많지만, 일반적인 프로세스는 있다. 그것은 먼저 친교를 형성하고, 행동을 유발하여, 열정적으로 움직이게 하는 것이다. 상대방의 상황과 취향에 따라 다양하게 적용한다면 자기가 원하는 방향으로 상대를 움직이게 할 수 있을 뿐 아니라, 관계도 더욱 돈독해질 것이다.

이 책이 세상에 나오기까지 안팎으로 많은 사람이 도움을 줬다. 그중 가장 고마운 사람은 나의 아내다. 필자가 직장 생활을 하면서 온전히 집필에 열중할 수 있도록 헌신적으로 내조해 줬기 때문이다. 또 언제나 책이 나오면 제일 먼저 책을 필사하면서 정성을 다해 읽어 주는 이은서 님 등 단골 애독자들의 성원에 깊은 감사를 드린다. 책이 빛을 발할 수 있도록 애써 준 도서출판 책과나무에 감사의 마음을 전한다.

모쪼록 이 책을 읽은 많은 사람이 다른 사람을 움직이게 하는 기술을 체득하여 개인과 조직의 지속적인 성장과 번영에 이바지하는 사람으로 거듭나기를 학수고대해 본다.

— 기업교육전문가, 해원기업교육연구소 대표 김해원

■ 목차

Prologue 상대를 내 편으로 만드는 기술 ...004

Chapter 1 ...009
내 편으로 만든다

01 감출 것은 감춘다 | 02 목표를 공유한다 | 03 먼저 준비한다 | 04 움직이기 좋은 분위기를 만든다 | 05 힘을 가진 사람이 된다 | 06 들어 주면 마음을 연다 | 07 내가 줄 수 있는 것을 챙긴다 | 08 판세를 파악한다 | 09 자만은 실패의 지름길이다 | 10 앙금부터 털어버린다 | 11 말의 온도가 마음의 온도다 | 12 믿는 도끼에 발등 찍힌다 | 13 평판을 관리한다 | 14 내 편이 많아야 내 편이 는다 | 15 적절하게 분노를 자극한다 | 16 테스트를 통해 상대를 알아본다 | 17 상대의 마음 속에 답이 있다 | 18 함께하는 꿈은 이루어진다 | 19 존중해 주면 존중해 준다 | 20 유리한 환경을 만든다 | 21 정보가 힘이다 | 22 말의 무게는 힘과 비례한다 | 23 따뜻한 온기를 유지한다 | 24 진짜 역사는 밤에 쓴다 | 25 앞서가면 뒤따른다 | 26 연출해야 걸작이 나온다

Chapter 2 ... 087

스스로 움직이게 한다

01 일관성이 신뢰다 | 02 마음의 코드를 맞춘다 | 03 주는 것이 있어야 움직인다 | 04 기대를 넘으면 감동한다 | 05 의미를 알면 다르게 행동한다 | 06 대장이 움직이면 졸병도 움직인다 | 07 선택권이 주도권이다 | 08 돌아가는 길이 지름길이다 | 09 자긍심이 자발적인 행동을 부른다 | 10 칭찬받은 만큼 춤춘다 | 11 무관심이 관심을 부른다 | 12 가르치면서 배우면 빨리 강해진다 | 13 타인의 힘도 내 힘이다 | 14 표준과 원칙이 질서를 잡아 준다 | 15 참고 기다리면 복이 온다 | 16 내가 솔선하면 남이 수범한다 | 17 빌미를 제거한다 | 18 책임을 분담한다 | 19 혼란의 시기를 지휘한다 | 20 두려움을 주는 것도 필요하다 | 21 은밀하고 위대하게 한다 | 22 조직은 개인에 앞선다 | 23 패배를 좋아할 사람은 없다

Chapter 3 ... 153

열정으로 동기 부여한다

01 진단하면 더 잘한다 | 02 모든 것은 사랑으로 통한다 | 03 원수를 생각하면 힘이 난다 | 04 사촌이 땅을 사면 배가 아프다 | 05 힘을 주면 힘을 낸다 | 06 렌터카는 세차를 안 한다 | 07 작은 차이가 승패를 결정한다 | 08 상황에 따라 카드를 딜리한다 | 09 재미가 침어를 이끈다 | 10 억경이 경력이다 | 11 상처 난 호랑이는 맹수가 아니다 | 12 전문가로 예우하면 전문가처럼 행동한다 | 13 완전히 방전되면 충전이 어렵다 | 14 밀당하면 바빠진다 | 15 이끌면서 따르는 법을 배운다 | 16 불행은 뿌리째 뽑는다 | 17 변화무쌍하면 정신을 못 차린다 | 18 공정함은 신뢰와 열정의 씨앗이다 | 19 아는 만큼 행동한다 | 20 호미로 막을 것은 호미로 막는다 | 21 현장과 상사가 답이다 | 22 끝은 또 다른 시작이다 | 23 소통, 열정의 통행로 | 24 목표가 열정을 부른다 | 25 자리가 사람을 만든다

Epilogue 오늘도 현장을 누빈다 ... 243

Chapter 1

내 편으로 만든다

LEADERSHIP

남에게 일을 잘 시키지 못한다 | 팀원 관리로 스트레스를 받는다 | 상대를 내 편으로 만들고 싶다

01 감출 것은 감춘다 👥

직원들을 움직이게 하려면 그들이 무슨 생각을 하고 있는지, 어떤 성향을 가지고 있으며, 어떻게 말하면 그들이 리더의 말을 순순히 따를 것인지 아는 것이 먼저다.

인간은 본능적으로 자신이 좋아하는 것을 좇는 경향이 있고, 두려워하는 것으로부터는 빨리 벗어나고 싶어 한다. 이성적·합리적으로 생각해서 행동하는 만큼이나 무의식적으로 자신의 선호와 기피에 따른 행동을 결정하는 존재다. 이러한 인간의 본성에 대한 이해를 바탕으로 팀원 개인의 성향을 잘 파악하는 것이 중요하다.

먼저 팀원들이 무엇을 좋아하고 두려워하는지를 파악하여 상황에 따라 이성적 혹은 감정적으로 행동하도록 분위기를 조성해야 한다. 팀원의 성향에 따른 보상과 징계를 자연스럽고 적절하게 제시하면 팀원은 자기도 모르게 본능에 따라 행동하게 된다.

결과적으로, 팀원들을 움직이게 하는 법은 그들에 대해 아는 것에서 시작한다. 『손자병법』에 '지피지기 백전불태知彼知己百戰不殆'라는 말이 있다. 상대가 처한 상황에 따라 어떻게 대처할 것인지를 알면 쉽게 내 편으로 만들 수 있다. 일을 시켰을 때 팀원들이 어떻게 반응하게 될 것인지 안다면, 보다 쉽게 그들을 움직일 수 있을 것이다.

때로는 뻔뻔해야 한다

직원들을 움직이게 하려면 팀원들 앞에서 리더의 속내를 가급적 숨겨야 한다. 또 자기에게 불리한 말은 하지 않는 것이 좋다.

직원들이 생각했을 때 리더보다 자기가 더 강하고 유리한 위치에 있다는 판단이 들면 리더의 지시를 제대로 이행하지 않을 확률이 높다. 그러므로 직원들에게 일을 시킬 때에는 힘이 없어도 강한 척을 해야 하고, 자신감이 충만한 태도로 당당하게 말해야 한다. 설령 찔리는 것이 있더라도 아주 뻔뻔해야 한다. 리더가 시키는 대로 일을 하면 많은 이익이 있고, 다른 사람이 보기에도 명분이 있다는 점을 강조해야 한다. 아울러 일에 대한 보상 역시 리더가 전적으로 책임질 것이며, 조직 차원에서 보상이 이뤄지지 않으면 사비를 털어서라도 보상하겠다는 자신감을 보여야 한다.

'지금은 힘이 없다. 이번 일이 잘되어야 나에게도 힘이 생긴다'거나 '도와줄 사람은 당신밖에 없다'는 태도를 보이면, 상대방이 거부할지도 모른다.

은밀하고 위대하게

사냥하는 맹수는 은밀하고 위대하게 움직인다. 맹수처럼 결정적인 시기가 될 때까지 자기를 숨겼다가, '이때다' 하는 시점에 신속하고 민첩하게 공략해야 한다. 한비는 『한비자』에서 군주가 속내를 드러내면 신하들이 그 속내를 알고 군주에게 잘 보이려고 아첨하거나 군주가 좋아하는 일에만 매진하며, 군주가 자기 생각을 드러내면 사람들은 다른 의견은 내지 않고 군주가 냈던 의견이 좋은 의견이라고 칭찬만 하게 된다고 말한다. 이 말인즉, 리더가 의도를 완전히 드러내면 팀원들은 그 의도에 맞춰서 일을 하게 되고, 일하는 방법을 알려 주면 오로지 알려 준 방법대로만 일한다는 말이다.

그러므로 직원들에게 리더의 의도를 완전히 드러내지 말고 힌트만 제공해야 한다.

그래야만 직원들이 자기가 가진 재능과 역량을 최대한 발휘하여, 창의적이고 혁신적으로 일하게 된다.

02 목표를 공유한다

직원들을 움직이게 하려면 리더가 지시한 내용을 이해할 정도로, 즉 말귀를 알아들을 수 있을 정도로 가르쳐야 한다. 총을 본 적이 없는 사람에게 무작정 사격을 하라고 하는 것은 모순이다. 최소한 총기 사용법과 사격법을 알려 주고 사격을 하게 해야 한다.

같은 책을 읽는다

직원들을 움직이게 하려면 그들의 생각의 결을 리더와 같게 해야 한다.

사람은 어떤 단어를 사용하느냐에 따라 그에 기인하여 감정이 움직이고, 그 감정에 따라 행동하게 마련이다. 그러므로 직원들의 행동 변화를 유발하기 위해서는 생각을 자극해야 하는 바, 같은 행동을 하게 하기 위해서는 같은 생각을 갖게끔 자극해야 한다.

같은 생각을 갖게 하는 가장 좋은 방법은 리더 자신이 좋아하는 책을 읽게 하는 것이다. 아울러, 그 책의 내용에 대해 서로 토론하는 등 책과 관련된 대화를 하면서 시나브로 직원들이 자기가 사용하는 단어를 사용하게 해야 한다.

사람들은 다른 사람의 말보다는 책에 있는 내용이라면 더 신뢰하는 경향이 있다. 그 점에 입각하여, 직원들이 리더와 다른 생각을 하고 있다면, 먼저 자기가 하고자 하는 일의 의미와 목적이 담겨 있는 책을 읽게 하여 공감대를 형성해야 한다.

상대가 원하는 것으로 유혹한다

직원들을 움직이게 하려면 먼저 그들이 원하는 것이 무엇인지를 알아야 한다. 어부들이 물고기가 좋아하는 것을 미끼로 물고기를 낚듯이, 직원들을 움직이게 하려면 그들이 원하는 것을 미끼로 써야 한다. 일반적으로, 사람은 자기에게 이익이 있을 때 움직인다. 『한비자』와 『군주론』에서는 사람을 자기 뜻대로 움직이기 위해서는 이익을 주어야 한다고 말한다. 마찬가지로 직원들을 움직이기 위해서도 이익을 주어야 하는바, 그중 가장 좋은 이익은 그들이 원하는 것을 주는 것이다.

돈을 좋아하는 사람에게는 돈을 주고, 명예를 원하는 사람에게는 명예를 주어야 한다. 또 배가 고파 허기진 사람에게는 먹을 것을 주어야 하고, 돈이 없어 궁핍한 사람에게는 돈을 주어야 한다. 물이 마시고 싶은 사람에게 빵을 주는 것은 어리석은 짓이다.

그러므로 직원들을 움직이게 하려면 먼저 그들을 이롭게 하는 것이 무엇인지를 아는 것이 중요하다. 또, 그들이 무엇을 두려워하는지를 알아야 한다. 그래서 미끼로 유혹하고 두려운 것으로 몰아서, 자기가 이끌고자 하는 목표 지점에 이르도록 해야 한다. 이에 더하여, 윤리적인 행위를 하게 하고 비윤리적인 행위를 했을 때는 징계를 내려 긴장감을 조성해야 한다. 사람은 누구나 윤리에서 자유로울 수 없다. 하루에 수십 번씩 거짓말을 하는 것이 인간이라는 점을 생각하면, 누구나 하루에 수십 가지의 비윤리적인 행위를 하고 있는 셈이다. 그러기에 윤리라는 잣대를 들이대면 누구나 움찔한다. 양심의 가책을 느끼기 때문이다. 그러므로 상벌에 무관심한 사람에게는 윤리라는 잣대를 이용하면 좋다.

윤리는 양심을 자극한다

사람은 누구나 비윤리적이고 비표준적인 행위를 한다. 예컨대 운전할 때 남이 보지 않으면 신호를 무시하듯 누구나 남이 보지 않는 곳에서는 비윤리적이고 비도덕적인 행위를 일삼는다. 그러면서도 다른 사람이 보고 있을 때에는 마치 윤리적이고 정해진 표준에 입각하여 생활하는 듯이 행세한다. 사실 사람은 자기 행위에 대한 성실성 여부도 스스로 판단하기 때문이다. 그래서 큰 죄를 범하고도 죄책감을 느끼지 않는 사람이 있는가 하면, 아주 사소한 죄를 짓고도 크게 자책하는 사람도 있다. 우리 선조들은 혼자 있을 때도 하늘을 우러러 한 점 부끄러움 없이 생활하는 신독愼獨을 수신의 최고 덕목으로 삼았다.

물질적 보상에 관심이 없다 해도 리더의 지시를 바르게 이행하지 않았을 때 팀원 스스로에게 떳떳할 수 있는가 하는 잣대를 가져다 대면, 반드시 옳은 기준을 세워 움직이게 되어 있다.

관심에 관심을 보인다

직원들을 움직이게 하려면 그들의 주된 관심사를 알아야 한다.

사람의 관심사는 연령대마다 다르다. 젊을 때에는 성공에 관심이 많고, 중년에는 가정의 평화에 관심이 많으며, 노년에는 건강에 관심이 많다. 그 점을 잘 활용해야 한다. 그래서 삼십 대 직장인에게는 성공을 이야기하고, 오십 대 직장인에게는 가정의 평화를 위해서 일해야 한다는 점을 강조해야 한다. 효심이 가득한 사람에게는 일을 잘 해내는 것이 곧 효도하는 길임을 알게 해야 하고, 성공에 관심 있는 사람에게는 일을 하면 성공한다는 이야기를 많이 해야 하는 것이다.

또 같은 일을 시켜도 야망이 있는 사람에게는 도전적인 일을 시키고, 평범한 사람에게는 안정적인 일을 시켜야 한다.

상대가 좋아하는 방식으로 처리하게 한다

직원들을 움직이게 하려면 자기 방식대로 일을 처리하는 것이 아니라, 자기가 원하는 결과가 나오도록 일을 시키되, 다소 늦더라도 직원들이 원하고 즐거워하는 방식으로 하도록 내버려두는 것이 좋다. 또 자기가 좋아하는 방식이라고 해서 상대방에게도 좋은 방식이라고 생각하는 것은 자만이다. 자기가 좋아하는 방식이라고 해도 상대방 입장에서는 그것이 죽기보다 하기 싫은 방식일 수 있다.

사람에게는 각각 취향이라는 것이 있고 선호도가 다르기 마련이다. 특히 직원들이 자기와 연령 차이가 있고 살아온 환경이 다른 사람이라면 더욱더 상대방의 방식을 인정해 주어야 한다. 각기 다른 문화를 가진 사람은 생각하고 행동하는 방식이 다를 수밖에 없다. 그러므로 서로 다름을 인정해야 하고, 상대방의 취향과 성향을 사전에 알아보고 그것을 감안해서 상대방에게 일을 시켜야 한다.

충분한 보상을 한다

앞서 말한 바와 같이 직원들을 움직이게 하려면 이익을 주어야 한다. 일방적으로 계속해서 남에게 주는 것을 좋아하는 사람은 없다. 누구나 받는 것을 좋아한다. 설령 자기가 필요 없는 것도 받으면 좋아한다.

그러므로 직원들에게 일을 시켰다면 그에 합당한 보상을 해주되, 에누리 없이 정량만 달아 주지 말고 덤으로 더 얹어 주어야 한다. 또 장기적으로 봐서 이익이 된다면, 지금 당장 손해가 나도 기꺼이 손해를 감수해야 한다.

먼저 주어야 돌려받는다. 일단은 직원들이 흥미를 느낄 수 있도록 미끼를 던져 주어야 한다. 그러면 그 미끼에 모여든 사람들로 세(勢)가 형성되어 더 많은 사람의 자발적인 참여를 이끌게 된다.

03 먼저 준비한다

동물이 동면에 들기 위해 가을에 충분히 영양분을 섭취하듯, 직원들을 움직이게 하려면 우선적으로 그들을 움직일 수 있는 힘을 길러야 한다.
리더의 직위나 서열이 팀원들보다 상위에 있다는 명분만 가지고 팀원들을 다스리려고 한다면, 내공이 수반되지 않아 뒷심 부족으로 역공을 당할 수 있기 때문이다.

상대의 강점을 파악한다

사람이라면 누구에게나 강점과 약점이 있다. 고되고 혹독한 단련 끝에 비교적 강자의 자리에 올랐더라도, 다른 사람보다 모든 면에서 낫다고 장담할 수는 없는 일이다. 특히, 요즘처럼 다원화된 시대는 리더가 누구보다도 일가견이 있다고 생각한 분야가 휘하에 있는 조직원의 전문 분야일 수도 있다.

그러므로 자만하지 말고 직원들이 가진 실력을 제대로 알기까지는 자기를 함부로 노출하지 말아야 한다. 아울러 자기가 상대방보다 강한 것이 있다면 그것을 무기로 상대방을 제압하고, 상대방에 비하여 확실히 약한 부분은 한 수 배운다는 자세로 임해야 한다.

남을 자기 마음대로 움직이는 근원은 힘이다. 즉, 누구의 힘이 더 강한지가 관건이다. 예컨대 상사에게는 조직에서 공식적으로 부여받은 힘이 있다. 그래서 대부분의 직장 상사들이 조직에서 부여한 지위를 이용하여 부하 직원들을 자기가 원하는 대로 다스린다. 부하 직원이 얼마나 많은 역량을 가지고 있는지는 중요하지 않다.

바둑을 둘 때 기사가 돌을 어느 지점에 놓느냐에 따라 역할이 달라지듯 상사가 부하를 어느 곳에 배치하느냐에 따라 부하의 운명이 결정된다.

나의 강점을 기른다

『대학』에 '수신제가 치국평천하修身齊家治國平天下'라는 말이 있다. 이 말은 자기자신을 먼저 다스리고 그다음에 가정과 나라를 다스리며, 그 이후에 천하를 다스린다는 말이다. 이 말을 더 깊게 들여다보면 결국 천하를 다스리는 근본은 수신에 있으며, 수신이 결국 천하를 다스리는 것과 같다는 말이다.

수신修身의 가장 좋은 방법은 모든 것을 대할 때, 배우는 자세로 임하는 것이다. 자기가 알든 모르든 모든 사람을 대할 때 그런 자세로 대하면, 기대 이상의 많은 힘을 얻을 수 있다. 그렇지 않고 자기가 가진 역량이 높아 더 이상 배울 것이 없다고 생각하는 순간, 자기의 힘은 약해진다고 봐야 한다.

아울러 책과 사람을 통해서 사람을 어떻게 다스려야 하는지에 대해서 다양하게 학습해야 한다. 이제는 과거처럼 한 분야만 깊이 있게 아는 것이 중요한 시대가 아니다. 무한 경쟁의 글로벌 시대에는 다양한 문화와 여러 분야의 지식을 두루 섭렵한 제너럴리스트이자 남과 차별화된 자기만의 특별한 강점을 가진 스페셜리스트가 되어야 한다.

이에 더하여, 그것을 다른 사람과 공유할 줄 아는 능력을 지녀야 한다. 다시 말해서 전문 지식과 다양한 분야를 섭렵하고, 자기만의 특별한 역량을 보유하며, 그러한 역량을 다른 사람과 공유할 수 있는 능력을 지녀야 한다.

04 움직이기 좋은 분위기를 만든다

직원들을 움직이게 하려면 그들을 자기 뜻대로 움직일 수 있는 환경을 조성해야 한다. 사람은 환경의 동물이다. 즉, 사람은 환경에 적응하며 살아가는 동물이다. '맹모삼천지교孟母三遷之敎'의 고사가 말해 주듯 사람은 환경의 영향을 많이 받는다. 그러기에 사람을 내 뜻대로 움직이기 위해서는 그에 맞는 환경과 분위기를 형성하여 그 일을 하도록 해야 한다.

할 수밖에 없는 분위기를 만든다

물건을 사고 싶지 않은데 분위기에 휩쓸려서 자기도 모르게 물건을 사는 경우가 있다. 근묵자흑近墨者黑이라 했다. 열정적인 사람도 지인들이 나태하게 지내면 자기도 모르게 나태한 사람으로 변한다. 그래서 가난해도 부자들과 어울려야 한다고 말하는 것이다. 늑대와 함께 자란 소년은 사람이 아니라 늑대처럼 행동한다. 그처럼 사람들은 자기 주변 환경에 맞게 진화한다.

그러므로 직원들을 움직이게 하기 위해서는 시키고자 하는 일의 환경에 맞는 분위기를 연출하여 직원들이 그 분위기에 적응할 수 있는 여유를 주고, 그 환경에 적응했다고 생각될 때 업무 지침을 내려야 한다. 밝은 곳에 있다가 갑자기 영화관에 들어가면 어두워서 한 치 앞도 볼 수 없다. 이처럼 갑자기 변화된 환경에 처하면 앞이 캄캄하여 무엇부터 해야 할지를 모르는 경우가 태반이다. 그러므로 직원들이 어느 정도 주어진 환경에 적응할 수 있는 시간적인 여유를 주어야 한다.

예컨대 직원들을 혁신 활동에 동참하게 하기 위해서는 혁신이 무엇이고 혁신적으로 활동하는 것이 어떤 것인지에 대한 지식을 충분히 갖추도록 해야 한다. 이어서 혁신 활동의 성공적인 사례를 벤치마킹하게 함으로써 간접적으로 혁신 활동이 무엇인지를 알게 해야 한다.

또, 혁신 전문가들과 함께 대화하고 혁신에 대한 단어를 계속적으로 반복 전달함으로써, 혁신 관련 키워드가 귀에 익도록 해야 한다. 그렇게 하면 사람들은 혁신의 분위기에 점점 젖어 들게 된다. 아울러 메일에도 혁신에 대한 소식을 많이 실어서 사람들이 혁신 활동을 하는 것이 당연한 것이고, 혁신 활동을 하지 않으면 왕따가 될 정도로 혁신으로 모든 환경을 치장해야 한다. 그러면 모든 사람들이 혁신 활동에 관심을 갖게 된다.

이와 같이 상대방을 자기가 원하는 방향으로 움직이게 하기 위해서는 그렇게 하지 않으면 안 되는 분위기, 해야만 하는 분위기, 할 수밖에 없는 분위기를 만들어야 한다. 그러면 애써 상대방에게 일을 시킬 필요가 없다. 직원들이 알아서 자기가 원하는 방향으로 움직이기 때문이다.

지지 세력을 확보한다

직원들을 움직이게 하려면 자기를 절대적으로 지지해 주는 추종자가 있어야 한다. 사람들은 지지 세력이 큰 사람이 시키는 일을 군소리 없이 행하는 경향이 있다. 하고 싶지 않아도 다른 사람의 시선 때문에 혹은 자기도 강자의 편에 서기 위해서 참여하는 경우도 있다.

그러므로 사람을 다스리는 입장에 있다면 외부의 어떤 힘에도 굴하지 않고 자기의 세력을 강하게 유지할 수 있는 세력을 곁에 두어야 한다. 그래서 자기에게 저항하는 사람들이 자기에게 함부로 할 수 없게 하고, 다른 사람들이 섣불리 나서지 않는 경우에는 그들을 전면에 내세워 분위기를 주도하도록 해야 한다.

앞서 말한 바와 같이 사람은 환경의 동물이어서 분위기에 휩쓸리면 자기도 모르게 특정한 일을 하게 마련이다. 특히 사람들은 세 사람 이상이 무언가를 하면 군중심리에 의해 자기도 모르게 따라 하는 속성이 있다.

자랑스러운 팀을 만든다

직장에서 다른 사람들에게 일을 시킬 때는 조직 분위기를 무시할 수 없다. 조직 분위기가 좋으면 조직원들이 자율적이고 자발적으로 움직인다. 그러므로 직원들에게 일을 시키기 위해서는 그들이 긍정적인 마음으로 받아들일 수 있는 긍정적인 환경을 조성해야 한다. 그러면 직원들이 가지고 있는 개인적인 힘보다 더 큰 힘이 발휘되어 혼자서 이룬 성과보다 더 큰 성과를 이뤄 낼 것이다.

그렇다면 팀 분위기를 좋게 하기 위해서는 어떻게 해야 할까?

팀원들이 조직에 대해 자긍심을 갖게 해야 한다. 즉, 자기가 팀에 소속되어 있음을 자랑스럽게 생각해야 한다. 그러기 위해서는 팀의 성과가 좋아야 한다. 결과적으로 팀원들의 자긍심이 성과로 나타나고, 그 성과가 팀원들의 자긍심이 된다.

조직의 성과를 올리는 방법

많은 기업들이 긍정적인 조직 문화를 만들기 위해 감사 운동을 전개하고 있다. 또 감사하는 마음으로 봉사 활동을 하도록 전폭적으로 지원하고 있다. 이러한 조직 문화가 구축되면, 조직원들은 부정적인 생각보다는 긍정적인 생각을 많이 하게 된다. 그래서 경영자가 직원들에게 다소 불리한 요구를 해도 조직의 성장을 위해서 개인적으로 희생해야 하는 부분을 긍정적으로 받아들인다.

일반적으로 감사와 봉사의 마음을 가진 사람은 포용력이 넓다. 또 '좋은 게 좋은 것'이라는 생각으로 일을 긍정적으로 대한다. 많은 기업들이 제품의 생산성에 크게 영향을 주지 않는 것처럼 보이는 사랑과 감사의 문화를 조성하는 데 많은 투자를 하는 것도 바로 조직 분위기를 보다 긍정적인 분위기로 만들기 위해서다.

상대방에게 긍정의 예스를 얻어 내기 위해서는 처음부터 예스라는 대답이 나오게 해야 한다. 그러면 상대방은 처음에 예스라는 말을 했기에 뒤의 부탁이나 요구에 대해 예스라고 대답할 확률이 높다. 이것이 마음의 관성이다. 예라고 대답하면 마음 모드가 긍정이 되고, 아니라고 대답하면 마음 모드가 부정이 된다. 그러기에 직원들을 움직이게 하려면 긍정적인 생각을 할 수 있도록 긍정적인 분위기를 조성해야 한다.

05 힘을 가진 사람이 된다 👥

　　　　　　직원들을 움직이게 하려면 힘이 있어야 한다. 동물은 자기보다 강한 대상 앞에서 스스로 꼬리를 내린다. 사람도 마찬가지다. 그러므로 경우에 따라서는 돈이 없어도 많은 척을 해야 하고, 힘이 없어도 강한 척을 해야 한다. 물론 거짓말은 오래갈 수 없기에 가능한 한 진짜 힘을 길러야 한다.

움직임은 힘의 이동이다

　힘은 정지하고 있는 물체를 움직이고 물체의 방향을 바꾸거나 형태를 변형시키는 작용을 하는 물리량을 말한다. 물체를 움직이게 하기 위해서는 물체가 갖는 중력의 힘보다 더 강한 힘을 가해야 한다. 또 물체를 변형시키기 위해서는 그 물체의 강도보다 더 강한 힘을 가해야 한다. 그런데 물체는 물리적인 힘을 가하면 움직이지만, 사람을 움직이기 위해서는 사람의 마음을 먼저 움직여야 한다.

　마음이 움직이면 몸도 움직인다. 단순히 물리적인 힘을 가해서 몸을 움직이게 하는 것은 폭력이고 범죄다. 사람을 움직이는 비결은 마음에 있다. 그 마음을 움직이는 데 가장 기본이 되는 것은 바로 자기의 힘이다. 자기에게 강한 힘이 있을 때 사람들의 마음이 움직인다. 특히 지식자본주의 사회에서는 지식을 가진 전문가나 돈을 가진 부자들의 말에 마음이 움직인다. 그러므로 만약의 경우 자기가 가진 지식과 자본이 적다면, 그것을 많이 가진 사람을 후광에 두어야 한다. 아울러, 미래에 촉망받는 차세대 리더의 대열에 합류해야 한다. 사람들은 지금은 세력이 약하더라도 시간이 지나면 권력의 중심에 서게 될 것이라고 예상되는 사람에게 기꺼이 복종하려고 하기 때문이다.

강자와 친해진다

직원들을 움직이게 하려면 마치 조조가 천자를 끼고서 제후들을 호령했던 것처럼, 강자와 친해야 한다. 왜냐하면 내가 가진 힘도 힘이지만, 다른 사람이 보기에 힘을 가진 사람이라고 느끼는 힘도 힘이기 때문이다. 사람들은 힘이 있는 사람에게 모이게 되어 있다. 또 본능적으로 사람은 힘이 약하면 힘이 강한 사람이 시키는 것을 하면서 사는 것을 좋아한다. 그래야 생명력을 오래도록 유지할 수 있기 때문이다. 이 세상의 모든 생물들은 생존과 번영을 위해서 산다. 중요한 것은 내가 살아 있어야 하고 내가 지속적으로 진화해야 한다는 사실이다. 그러기 위해서는 강자가 되어야 하고, 강자가 아니라면 강자의 편에 서야 한다. 아울러 상대방을 자기 마음대로 움직이기 위해서는 자기가 상대방의 유일한 밥줄이고, 상대방의 지속적인 번영을 위해 꼭 필요한 사람임을 알게 해야 한다.

함께 순찰한다

직원들을 움직이게 하려면 그들에게 힘을 실어 주어야 한다. 가능하면 직원에게 권한을 위임하고 그 권한이 제대로 힘을 발휘할 수 있도록 지원해야 한다. 이때 가장 좋은 방법은 직원과 함께 현장 순찰을 하는 등 다른 사람들이 자기와 그 사람들이 함께하는 모습을 보게 하는 것이다. 이는 다른 사람들로 하여금 실세와 친분이 두텁다는 것을 알게 하는 데 목적이 있다. '호가호위狐假虎威'라는 말이 있듯이 사람들은 실세와 함께하고 있는 사람에게 복종하고, 실제 중심 세력권에 있는 사람의 지침에 순응한다. 국가기관에 근무하고 있다는 거짓말에 사기를 당하는 것이 괜히 그런 것은 아니다.

06 들어 주면 마음을 연다

리더십 학자들은 조직원들이 리더를 신뢰해야 리더가 시키는 일을 성심을 다해 행한다고 말한다. 즉, 일을 시키기 전에 상대에게 믿음을 쌓아야 한다.

불평불만을 녹이는 마음으로

일을 시키면, 일을 하지 않으면서 불평불만을 일삼는 사람과, 일을 잘하면서 불평불만을 하는 사람이 있다. 불평불만을 토로한다는 것은 그 일에 관심을 가지고 있다는 것을 간접적으로 증명한다. 또 은연중에 자기가 그 일을 도맡아서 하고 싶다는 소리 없는 아우성이기도 하다. 그러므로 그런 사람들의 불평불만의 목소리가 들리면 너그럽게 받아 주어야 한다. 그러면서 그 뒤편에 숨어 있는 본심을 찾아내야 한다.

불평불만 하는 사람들의 공통된 속성은 자기가 중심에 있어야 하고, 자기 방식대로 하는 것을 선호한다는 점이다. 일이 어렵고 힘든 것은 문제가 되지 않는다. 그 사람들이 진정으로 원하는 것은 자기 주도적으로 할 수 있도록 자기를 전폭적으로 지지해 주는 것이다.

특히, 그런 사람들은 『삼국지』에 나오는 장비처럼 목소리가 큰 경우가 많다. 또 행동도 과격하고 다른 조직원들을 비공식적으로 이끄는 리더십도 탁월해서 자칫 그런 사람들을 잘못 건드리면, 오히려 일을 그르칠 수 있다. 그러므로 그런 사람들은 포용하고 어떠한 의견을 내더라도 그 사람의 의견을 존중해 주는 너그러운 태도를 보여야 한다.

그렇지 않고 그런 사람들에게 조언하거나 잘못을 타일러서 고치려고 하는 것은 불난 집에 휘발유를 끼얹는 것과 같다. 그러므로 그런 사람들을 다스릴 때에는 우선적으로 친밀한 관계를 형성하는 데 주력해야 한다.

그런 사람들은 의리를 존중하기 때문에 인간적으로 친해지면 두텁게 형성된 신뢰 관계에 비례하여 일의 속도도 빨라진다. 또 작은 칭찬에도 크게 감동받아 그에 보답하려는 적극성을 보이기도 한다. 그러므로 적당히 칭찬해 주고 존중해 주면서 그 사람을 주인공으로 만들어 주어야 한다. 주연은 하되 조연을 싫어하는 사람들이 바로 그런 사람이다. 그러므로 그런 사람들을 다룰 때에는 늘 임금을 대하듯 해야 한다.

07 내가 줄 수 있는 것을 챙긴다

직원들을 움직이게 하려면 상대방에게 관심을 보여야 한다. 호손의 실험에서도 알 수 있듯이 사람은 일의 성과에 관심을 갖는 것이 아니라, 다른 사람들이 자기에게 관심을 가져 주기를 바란다. 그렇다. 일이 우선이 아니라 상대방에 대한 사랑과 관심의 표현이 우선되어야 한다.

인정하면 인정을 준다

사람에게는 본능적으로 인정의 욕구가 있다. 다른 사람에게 자기를 알리고 싶어 하고, 칭찬과 관심을 받고 싶어 하는 본능이 있다. "내 사전에 불가능은 없다."고 말한 나폴레옹도 칭찬을 싫어한다면서도 "장군님은 칭찬을 싫어하는 그런 면이 좋다."고 칭찬하는 부하의 말에 기분 좋아했다고 한다. 그러므로 직원들을 움직이기 위해서는 칭찬을 곁들여 사랑과 관심을 보여야 한다.

사람은 자기를 알아주고 자기에게 관심을 보이는 사람에게 친밀감을 느낀다. 관심을 보이며 친밀감을 형성하는 것은 상대방에게 자기가 적이 아님을 알게 하는 것이다. 물론 일을 하다 보면 조직이라는 특성상 공식적인 관계를 유지해야 하기 때문에 사적으로 친분을 나누는 데에 어느 정도 한계가 따를 수밖에 없다. 하지만 그럴수록 업무 외적인 곳에서 친분을 나누면서 친밀한 관계를 형성하는 데 주력해야 한다.

눈에서 멀어지면 마음에서도 멀어진다

직원들에게 관심을 보이며 계속 관찰하는 것은 자기를 위해서다. 즉, 자기가 관심의 끈을 놓지 않기 위해서라도 수시로 관찰해야 한다. 어떤 경우에는 서로 바쁜 나머지, 일을 시키는 사람도 언제 일을 시켰는지 잊어버리고, 일을 해야 하는 사람도 일을 해야 한다는 것을 잊어버린 채 장기간 방치하는 경우도 있다. 그러다가 갑자기 그 일이 생각나서 그 일이 어떻게 진행되고 있느냐고 묻는 경우도 있다. 이와 같은 일이 발생되는 것을 예방하기 위해서는 관심의 끈을 놓지 않아야 한다.

전기를 보낼 때 전선이 길면 길수록 저항으로 인하여 전력 손실이 생기게 마련이다. 마찬가지로 관찰과 관심의 공백 기간이 길면 길수록 일을 향한 애정은 자연 방전된다. 그러므로 기억에서 사라지지 않도록 정기적·주기적으로 회의를 하거나 보고를 받는 등 지속적으로 관심을 표현해야 한다.

측근 관리도 자기 관리다

직원들을 움직이기 위해서는 자기 관리를 잘해야 한다. 자기 관리를 잘한다는 것은 자기 평판을 좋게 유지하고, 이미지를 잘 관리함을 의미한다. 특히 많은 사람들의 시선이 집중되는 사람이라면 자기 평가가 좋게 나오도록 이미지를 잘 관리해야 한다.

자기를 충실하게 관리하기 위해서 특별히 신경 써야 하는 것은 측근 관리이다. 자기를 가장 사랑하는 사람이 자기의 마음을 가장 아프게 한다는 말이 있듯이, 자기에게 치명적인 타격을 주는 사람은 자기 곁에 있는 사람이다.

그러므로 외부의 다른 사람들을 관리하는 것도 좋지만, 자기 내부의 사람들을 잘 관리해야 한다. 아울러 아무리 친한 사람이라도 자기 혼자만 알아야 하는 극비 사항에 대해서는 절대적으로 함구해야 하며, 그 누구도 함부로 믿지 말아야 한다.

08 판세를 파악한다 👥

주변의 돌아가는 판세를 보고 뒤로 빠져 있어야 하는 시점이라고 생각될 때는 웅크리고 있어야 한다. 시대적인 상황이나 처해진 여건에 따라 자기의 이슈보다 더 큰 이슈가 생길 수 있다. 그런데도 자기가 시키는 일을 최고 우선순위에 두어야 한다고 주장하는 것은 옳지 않다.

주목 받는 곳에 상대를 배치한다

직원들에게 일을 시킬 때에는 현재 시점에서 그 일이 대세일 때 시켜야 한다. 혁신이 대세면 혁신에 대한 일을 시켜야 하고, 안전이 대세면 안전에 대한 일을 시켜야 한다. 자기가 상대방에게 안전에 대한 일을 시키려고 하는데 혁신이 대세면 잠시 웅크리고 있거나 안전한 혁신을 추구하면서 혁신에 물타기를 해야 한다.

사람들은 이슈가 되고 그때그때 핵심키워드가 되는 것에 관심이 많다. 또 남들이 다하는데 자기만 하지 않는다고 생각하는 일이나 윗사람이 관심 있어 하는 일은 애써 부탁하지 않아도 스스로 알아서 하는 경향이 있다. 즉, 크게 이슈가 되지 않으면 그 일을 하지 않고, 경영진에서 특별하게 관심 있어 하는 일을 하고 싶어 한다. 그러므로 자기가 상대방에게 시키고자 하는 일이 상대방 입장에서 각광을 받지 못하는 일일 경우에는 이슈가 될 때까지 기다려야 한다.

『논어』에서 공자가 말하기를 "남이 불러 주면 나아가 열정을 다해서 일하고, 남이 자기를 불러 주지 않으면 뒤로 물러나 불러 줄 때까지 기다려야 한다."고 했다. 마찬가지로 자기가 하는 일의 분야가 이슈가 되지 않을 때에는 잠시 웅크리고 있어야 한다.

세가 형성되는 시간이 있다

직원들을 움직이기 위해서는 세를 늘려야 한다. 또 자기의 세가 얼마나 강력한지를 직원들이 알게 해야 한다. 『손자병법』에 이르기를, 상대방을 제압하기 위한 첫 번째 방법은 모략으로 승리하는 것이라고 했다. 일단 모략으로 상대방의 기세를 꺾고 그다음에 주변 사람들과의 관계를 끊어서 고립시켜야 한다. 그러면 상대방은 세가 꺾이게 된다.

직원들에게 일을 시켰는데 하지 않고 있다면, 그것은 직원들이 스스로 강하다고 느끼기 때문이다. 만약 본인의 힘이 약하다고 느낀다면 시키는 일을 자발적으로 할 것이다. 그러므로 직원들이 움직이지 않고 있다면 자기 힘의 세기를 진단해 봐야 한다. 그래서 자기가 상대방의 힘에 비해 어떤 면이 부족한지 혹은 자기의 세를 키우기 위해서는 어떻게 행동해야 하는지를 찾아서 부족한 힘을 길러야 한다.

또 일을 시켰는데 하지 않고 있다면 너무 독촉하지 말고 차분하게 기다릴 줄 알아야 한다. 지금은 시급하고 중요한 일이지만 시간이 지나면서 더 이상 하지 않아도 되는 일로 변경될지 모르기 때문이다. 사실, 가만히 사태를 지켜보는 것도 행동하는 것이다. 왜냐하면 시간이 지나면 모든 것이 변하기 때문이다.

09 자만은 실패의 지름길이다

직원들을 움직여야 하는데 그들이 오히려 잘난 척을 하면서 반항하거나 거절의 의사를 표할 때는 묵묵히 수용해야 한다. 아울러, 그 자만이 꺾이기를 기다려야 한다.

자만이 자멸을 부른다

자만은 쉽게 꺾이지 않는다. 자기가 조직의 쓴맛을 보든지 아니면 정상에서 떨어져 봐야 자기가 미처 겸손하지 못했다는 것을 알게 된다. 왜냐하면 자만하는 사람은 대부분 자기가 현재 다른 사람에 비하여 잘나가고 있으며, 앞으로도 자기가 승승장 구할 것이라고 생각하기 때문이다.

그러므로 직원들이 자만하면 더 자만하게 해야 한다. 사람을 바닥으로 추락시키기 위해서는 먼저 높은 곳에 오르게 하는 미명전략을 써야 한다. 즉, 직원들이 자만한다면 더 자만하도록 방관하고, 자신감에 넘쳐 도를 넘는 행동을 해도 꾸짖지 말고 그 자체를 더 칭찬해야 한다. 그러면 그 교만으로 인하여 자충수를 두게 되어 자멸하게 된다.

약점을 잡는다

상대방이 그다지 허물이 없고 비교적 완벽한 사람이라면 상대방의 실수를 유도해서 약점을 잡아야 한다. 성격이 치밀하고 남에게 싫은 소리를 듣고 싶지 않아 하는 사람일수록 남에게 꼬투리가 잡히지 않도록 신중을 기한다. 이런 사람이야말로 남의 말에 쉽게 움직이지 않는 껄끄러운 사람이다.

이런 사람을 움직이고자 할 때는 약점을 잡아야 하는데 쉽게 허점을 보이지 않을 것이다. 하지만 원숭이도 나무에서 떨어지듯 그런 사람도 방심한 나머지 자기도 모르게 실수하는 순간이 오게 마련이다. 그때까지 참고 기다려야 한다. 실수할 때까지 계속 치켜세워 주고 칭찬하면서 말이다.

아울러, 상대방에게 일을 시키기 위해서는 그에게 한 수 배운다는 겸손한 태도로 일을 시켜야 한다. 자기가 모든 것을 알고 있기에 한 수 가르친다는 생각으로 상대방을 대하면 자만하게 된다.

배우는 자세로

사람은 배우는 것보다 가르치는 것을 훨씬 좋아한다. 누군가를 가르치면서 그에게 인정받는다고 생각한다. 다른 사람들을 가르치면서 자기의 존재감을 드러내고, 그로 인해 쾌감을 느끼기도 한다.

그러므로 리더는 자기가 업무를 더 잘 알고 있더라도 자신의 지시를 이행하는 실무자에게 한 수 가르쳐 달라는 자세로 접근해야 한다. 그러면 직원은 자기에게 일을 시킨 사람을 자기가 가르쳐 준다고 생각하고 더 열심히 자기 일을 하듯 일하는 것이다.

직원들에게 일을 시키는 것의 본질은 그들이 괄목할 만한 성과를 내게 하는 데 있다. 그러므로 직원들이 최대한 일의 성과를 낼 수 있도록 지원해 주어야 한다. 그렇지 않고 자기가 강자이고 갑이기에 상대방은 군말 없이 시키는 일을 해야 한다는 태도로 접근하면, 마지못해 일을 하지만 일에 흥미를 느끼지 못한다. 직원들이 일을 하면서 주인이라고 느낄 때는 그 일을 하면서 재미와 흥미를 느낄 때다.

10 앙금부터 털어버린다

상대방에게 일을 시킬 때에는 그 전에 그 사람과 쌓인 앙금을 완전히 털어 내야 한다. 심적으로 앙금이 있으면 서로 불신한다. 그러므로 조금이라도 마음에 걸리는 것이 있으면 완전히 털어 버려야 한다.

돈 문제는 깨끗하게

특히 돈으로 생긴 갈등이 있으면 그것은 확실하게 제로베이스로 한 상태에서 마음을 나눠야 한다. 사람은 빌려주고 받지 못한 돈은 죽을 때까지 잊지 않는다.

그렇다. 사람은 이익을 보지 못할망정 손해 본 것에 대해서는 오래도록 기억한다. 지난 일은 접어 두자는 식으로 뭉개고 앞으로 할 일만 이야기한다면 상대방은 속으로 거리감을 둔다. 그러므로 빚진 것을 묵혀 두고 있다면 즉시 이자까지 쳐서 후하게 갚아 주어야 한다.

상대는 내가 아니다

직원들이 시쳇말로 쿨한 성격이라 지난 일을 가지고 운운하지 않을 거라는 생각은 리더 혼자만의 착각이다. 특히 상하 관계에서라면 부하 직원은 어떠한 형태로든 항상 자기가 손해를 보고 있다고 생각한다. 따라서 부하에게는 상사에게 입은 마음의 상처가 상시 존재한다는 생각을 가져야 한다.

때린 사람은 쉽게 잊을 수 있는 일도 맞은 사람은 오래 기억한다. 또 때린 사람은 별것이 아니라고 생각해도 맞은 사람은 큰 상처로 남기 마련이다. 그러므로 부하에게 일을 시킬 때에는 더욱 겸허하고 겸손한 태도로 말해야 한다.

과거를 털고 백지로 출발한다

이제는 시대가 변해서 강자가 약자들의 눈치를 봐야 하는 세상이다. 약자들에게 함부로 폭력적인 언행을 했다가는 그들이 벌떼처럼 일어나 항의를 함으로써 애써 쌓은 공든 탑이 일시에 무너질 수 있다. 이런 문화적 정황에서 상대방에게 일을 시키기 위해서는 과거의 앙금을 홀가분하게 털어 버리고 겸손한 마음으로 새롭게 시작해야 한다.

인간의 마음을 컴퓨터를 포맷하듯이 백지 상태로 만들 수는 없다. 하지만 사람의 주의를 다른 방향으로 돌리고 과거의 상처를 건드리지 않는 선에서 현재의 일을 얼마든지 원만하게 이끌어 나가야 할 것이다.

11 말의 온도가 마음의 온도다

직원들을 움직이게 하려면 의사를 전달할 때, 그들이 거부감을 느끼지 않도록 말해야 한다.

쿠션언어로 말한다

상대방에게 다짜고짜 통보하듯 메시지를 전달하면 반사적으로 거부 반응을 보이게 마련이다. '쿠션 언어'는 딱딱한 의자라도 푹신한 쿠션을 깔면 앉기에 편하듯이, 무미건조한 대화를 부드럽게 만들어 주는 말이다. 일을 지시할 때 "미안합니다만 이런 일을 할 수 있겠습니까?" 혹은 "이런 일을 부탁해도 되겠습니까?"라는 쿠션 언어를 넣어 말을 건네야 한다. 아울러 상대방이 당황할 때에는 친근한 표정을 지으면서 화제를 다른 방향으로 돌려야 한다. 그래서 어느 정도 상대방과 친밀감을 형성한 후에 다시 말해 보아야 한다. 직원들을 움직이기 위한 요량으로 의사를 전달하는 것은 상대방에게 시간이라는 돈을 빌리는 것과 같다. 은행에서 융자를 받을 때 저低자세로 말하고, 상대방의 심기를 건드리지 않도록 조심스럽게 말하듯 상대방에게 일을 시키거나 부탁할 때는 상대방의 기분을 건드리지 않는 것이 좋다. 경우에 따라서는 직원들이 딴생각을 하지 못하도록 속전속결로 일을 처리하는 것도 좋은 전략이다. 하지만 그 일이 일회성이 아니고 연달아 해야 하는 경우라면, 상대방의 페이스에 내 페이스를 맞춰 주어야 한다. 그러면 상대방은 좋은 기분과 좋은 감정 상태에서 거부감 없이 당신의 말을 잘 들어줄 것이다.

방어 기제를 풀어 준다

직원들에게 일을 시키기 전에는 경계심을 풀어 주어야 한다. 사람은 본능적으로 낯선 사람을 만나거나 새로운 일을 해야 하는 경우에는 자기도 모르게 방어 기제를 가동한다. 그러므로 직원들이 본능적으로 자기를 방어하려고 하는 마음을 먼저 풀어 주어야 하는데, 이때 가장 좋은 방법은 상대방의 이익을 빼앗을 생각이 없으며 당신의 영역을 충분히 보장한다는 메시지를 전달하는 것이다. 아울러 상대방을 자기 마음대로 움직이게 하려고 술수를 부린다는 의심을 갖지 않도록 해야 한다. 즉, 뭔가 속셈이 있다는 생각이 들지 않도록 자연스럽게 상대방의 페이스와 리듬에 맞춰서 행동해야 한다.

스스로 어리석게 보인다

직원들을 움직이게 하려면 일부러라도 약한 모습을 보여야 한다. 대지약우大智若愚, 즉 가장 현명하고 지혜로운 사람은 어수룩하게 보인다는 말이 있다. 리더는 자기 자신이 아무리 똑

똑해도 온갖 일에 잘난 체 아는 체를 하지 말아야 하고, 항상 상대방에게 한 수 배우고 싶다는 자세를 보여야 한다. 그러면 상대방은 여기서만큼은 상사보다 자신이 우월하다는 생각을 가지고 더 힘써 노력한다. 일반적으로 사람들은 자기보다 약한 사람들을 측은지심惻隱之心의 태도로 대한다. 예컨대 선거 운동을 할 때 자기에게 표가 부족하다고 생각하면 자존심을 내려놓고 표를 동냥하듯이 아쉬운 소리를 하는 것도 유권자의 측은지심을 유발하는 것이다. "내가 너무 힘들어서 죽겠다. 이것을 해야 하는데 아는 것이 없어서 어렵다. 도움을 부탁한다. 내가 가진 힘이 일천하여 당신의 도움이 절대적으로 필요하다."라고 부탁하는 어투로 상대방에게 도움을 요청해야 한다. 그러면 상대방은 치기 어린 마음으로 불쌍하다는 생각을 가지고 도움을 줄 것이다. 물론, 경우에 따라서는 자기보다 못난 사람에게 더욱더 함부로 하는 사람도 있다. 만약 강자에게 약하고 약자에게 강한 사람이 있다면 강한 모습을 보이는 것이 실익이 많다.

12 믿는 도끼에 발등 찍힌다

직원들을 움직이기 위해서는 상대방을 너무 믿어서는 안 된다. 『명심보감』에 "사람을 썼으면 의심하지 말고, 의심하면 쓰지 말라."는 말이 있지만, 실제로 사람에게 일을 시킬 때에는 전폭적으로 신임하는 듯한 태도를 보이되 결코 그 사람을 전적으로 믿지 말아야 한다.

맹신은 맹독이다

사람은 환경과 감정에 따라 행동을 달리한다. 그러므로 상대방은 언제든지 자기의 이익을 위해서는 무슨 일이라도 한다는 의심의 눈초리로 관리해야 한다. 이때 그러한 것을 직원들이 알지 못하게 해야 하며, 표면적으로는 직원들이 원하는 모든 것을 지원해 준다는 인상을 풍겨야 한다.

상대방을 완전히 믿고 전폭적으로 권한을 위임하면 그 일을 잊고 지낼 수 있기 때문에 자기의 마음이 편해질 것이라고 생각하면 오산이다. 물론 그 일을 상대방에게 전폭적으로 맡기고 자기는 다른 일을 하면 몸과 마음이 편할 것이다. 하지만 모든 것을 상대방에게 위임했다가는 어느 순간 블랙스완black swan이 되어 자기를 난처한 상황에 빠뜨린다는 사실을 알아야 한다. 경우에 따라서는 자기가 위임했던 권한도 상대방의 영향력이 된다는 점을 감안해서 비밀리에 감찰해야 한다.

항상 만일을 대비한다

교토삼굴狡兎三窟이라는 말이 있다. 이 말은 교활한 토끼는 세

개의 굴을 준비한다는 말이다. 사람의 미래는 한 치 앞을 볼 수 없을 정도의 안갯속을 헤매는 것과 같다. 특히 일의 결과에 상대방의 의지가 관여되는 일이라면 만일의 사태에 대비해야 한다. 아울러 상대방에게 모든 것을 일임하지 않아야 한다. 투자의 원리 중에 계란을 한곳에 모두 담지 말라는 말이 있다. 이 말은 투자를 해도 한곳에 다하지 말고 분산 투자해야 한다는 말이다.

이처럼 직원들을 움직이기 위해서는 표면적으로는 오롯이 의탁한다는 생각이 들게 해야 한다. 그러면서 다른 사람과도 물밑 접촉을 해야 한다. 그래서 만일의 경우 직원들이 배반하거나 상대방에게 뜻하지 않는 사고가 발생되어도 문제가 생기지 않도록 대비해야 한다.

13 평판을 관리한다

상대방을 마음대로 움직이기 위해서는 자기의 평판이 좋아야 한다. 즉, 상대방이 "저 사람 말을 들으면 결코 손해 보지 않는다." 혹은 "저 사람이 시키는 일을 하면 보람이 생긴다."는 선입감을 갖게 해야 한다.

연습은 실전처럼

흔히 이력이 자기가 쓰는 힘이라면, 평판은 남이 써 주는 힘이다. 아무리 이력이 화려해도 주변 사람들에게 좋은 평판을 받지 못하면, 그 이력이 빛을 발할 수 없다.

즉, 다른 사람을 자기 마음대로 움직이기 위해서는 기본적으로 다른 사람들에게 좋은 사람, 믿을 만한 사람, 남을 위해 헌신하는 사람, 사익보다는 공익을 추구하는 사람, 끝까지 책임을 져 주는 사람, 인생에 도움이 되는 사람, 그 사람과 함께 어울리면 자기의 인격이 훼손되지 않고 자기의 가치가 더 높아지게 하는 사람, 다른 사람들에게 덕망이 있고 신망이 두터운 사람, 산전수전을 겪어서 그 어떠한 어려운 상황에 처해도 능히 의연하게 고난을 극복할 수 있는 사람, 타인의 아픔을 함께 아파해 주고 타인을 위해서 자신을 희생하고 헌신하는 사람이라는 인식을 평상시에 심어 주어야 한다.

같은 일도 아빠가 하라고 하면 하지 않다가 엄마가 하라고 하면 하는 경우도 있고, 퉁명스런 점원이 판촉하면 구입하지 않다가 친절한 점원이 판촉하면 구입하는 경우도 있다. 또 상사가 말을 하면 하지 않다가 동료가 말하면 행하는 사람도 있다. 이처럼 사람을 움직이게 하는 것은 일이 아니라, 사람이다. 일을 시키는 사람도 사람이고 일을 하는 사람도 사람이다.

결론적으로 사람을 움직이게 하기 위해서는 일을 시키는 사람이 어떤 사람인가가 중요하다. 그러므로 다른 사람들이 자기의 말을 듣지 않는다면 자기를 먼저 돌아봐야 한다. 그래서 자기에게 문제가 있다면 가장 먼저 자기의 개인적인 문제를 해결하는 데 주력해야 한다.

말은 조심 또 조심한다

세상에서 가장 맛있는 요리도 혀로 만든 요리이고, 가장 맛없는 요리도 혀로 만든 요리이다. 역사를 보면 감언이설甘言利說을 일삼는 간사한 신하들의 세 치 혀로 인해 나라를 잃는 경우도 있다. 말 한마디에 천 냥 빚을 갚을 수 있을 정도로 말 한마디는 천 냥 이상의 큰 가치를 지니고 있다. 그러므로 말을 조심해야 하고, 좋은 말을 해야 한다.

남을 비방하거나 없는 사실을 마치 사실인 양 가짜 뉴스를 생산하여 대중의 판단을 흐리게 하는 사람도 있다. 그러므로 무릇 많은 사람을 이끄는 사람은 중요한 일을 결정할 때 냉철한 이성을 가지고 신중하게 결정해야 한다. 주변에 간교한 혀를 놀리는 모사꾼들이 있기 때문이다. 아울러 소인배들의 도마 위에 오르지 않도록 행실을 바르게 하며, 주변 경계를 게을리하지 말아야 한다.

14 내 편이 많아야 내 편이 는다 👥

직원들을 움직이기 위해서는 상대방의 주변 사람들을 내 편으로 만들어야 한다. 직원들이 의존하는 사람들이 적으면 적을수록 자기에게 의존하게 되어 말을 더 잘 듣기 때문이다.

다다익선이다

『손자병법』에서 손자는 전쟁에서 이기기 위해서는 벌모, 벌교, 벌병, 공성의 단계를 거쳐야 한다고 말한다. 이것을 사람과의 싸움에 적용해 보면, 이기려면 제일 먼저 모략으로 상대를 곤란한 상황에 빠뜨리고, 이어 주변 사람들이 그를 도와주지 못하도록 외교적으로 고립시키는 것이 우선되어야 한다는 말이다.

그렇다. 직원들을 움직이게 하려면 『손자병법』에서 말하는 네 가지 단계에 준하여 상대방을 공략해야 한다. 물리적인 충돌 없이 전략적으로 술책을 써서 상대방을 움직이는 것이 가장 좋다. 즉, 말과 글로 상대방을 움직이게 만드는 것이 첫째고 그래도 안 되면 직원 주변 사람들을 자기편으로 만들어서 자기 말을 잘 듣도록 해야 한다.

앞서 누차 말한 바와 같이 사람들을 마음대로 움직이게 하기 위해서는 가장 우선적으로 남들이 함부로 범접할 수 없고 쉽사리 반항할 수 없을 정도의 강인한 힘을 보유하고 있어야 한다. 그 힘이 약화되면 시켜도 하지 않는다. 속된 말로 씨알도 먹히지 않는다. 사람을 움직이게 하는 것은 결국 사람이다. 결국 내 주변에 사람이 많아야 시키는 말에 토를 달지 않는다.

사적으로 친분을 맺는다

직원들을 움직이는 과정에서 그들이 노조 간부나 혹은 단체의 수장으로서 행동해야 하는 입장에 있을 때는 그들의 주변 사람들과 친해지는 것이 우선이다. 업무적 공적인 관계에서는 조직적인 한계를 넘어설 수 없다. 그러므로 이런 경우에는 비공식적인 자리에서 관계를 맺어야 한다. 그것도 드러내지 않고 우연을 가장한 만남의 순간을 이용해서 상대방과 비공식적인 관계를 맺어야 한다.

이런 경우에는 주로 그 사람의 주변 사람들과 우선적으로 친분을 유지해야 한다. 예컨대 그 사람과 직접적으로 대면하고 접촉해서 친분을 나누는 것은 어렵다. 하지만 그 사람의 가족이 아는 사람, 혹은 자기가 사랑하는 사람이 아는 사람이라고 생각하면 생각이 달라진다.

예컨대 어느 기업의 대표 이사는 임금 협상을 유리하게 이끌기 위해 그 회사 노조 간부가 다니는 목욕탕에 자주 들러 그와 친분을 나눴고, 그가 다문화 가족이라는 점을 알고 다문화 가족을 위한 행사를 주관하는 등 그 부인에게 남편이 다니는 회사를 자랑스럽게 생각하도록 했다. 이와 함께 그 가족들에게 남편이 노조 간부로서 일을 하지만 회사를 위해 헌신적으로 일한다는 점을 말하면서 가족들로 하여금 남편을 자랑스럽게 생각하도록 했다. 그런 것이 주효했는지, 어느 날 노조 간부로부터 진실되게 협상하자는 제안을 받았고 원만하게 임금 협상을 했다고 한다.

이처럼 직원들을 움직이게 하기 위해서는 필요하다면 상대방의 주변 사람들과 먼저 친분을 형성한 후에 자기가 원하는 것을 요청해야 한다. 이때 다른 사람들이 알지 못하도록 은밀하게 움직여야 한다. 그러면 상대방은 조직 내에서도 입지를 강하게 굳힐 수 있고, 아울러 가족들에게도 인정받게 되어 일거양득의 효과가 파생된다.

수비가 최고의 공격이다

직원들을 움직이기 위해서는 법이 없어도 살 수 있는 착한 사람이 되기를 포기해야 한다. 『군주론』에서 말하기를, 군주는 백성들에게 인기 있는 군주가 되기보다는 백성들이 무서워하는 군주가 되는 것이 나라를 다스리기에 유리하다고 했다. 좋아하는 사람에게 더 잘해야 하는데, 대부분의 많은 사람들이 자기

에게 두려움을 주거나 무섭게 느껴지는 사람의 말을 더 잘 듣는
다. 그러므로 직원들을 움직이기 위해서는 착한 사람 콤플렉스
에서 벗어나야 한다.

그리고 상대방에게 자기가 시키는 일을 하지 않으면 큰 고통
이 수반된다는 생각이 들도록 해야 한다. 그러면 상대방은 불
쾌감이나 고통을 싫어하기 때문에 결국은 시키는 것을 하게 마
련이다.

아울러 이기려고 하지 말고 지지 않는다는 생각으로 해야 한
다. 상대방과의 힘겨루기는 무승부면 넉넉하다. 반드시 이기려
다 보면 결투를 해야 하고 보이지 않는 신경전을 치러야 하기
때문이다.

좋은 사람도, 나쁜 사람도 되지 않게

나쁜 사람이나 좋은 사람이나, 일을 원만하게 진행하는 데 방
해가 된다. 나쁜 상사가 시키는 일을 공들여 잘해 줄 상대방은
드물고, 좋은 상사가 시키는 일은 자기 일이 급할 때면 뒷전이
된다.

그러므로 상대방에게 일을 시키는 사람의 입장에서는 그 사
람에게 좋은 사람도 아니고 그렇다고 나쁜 사람도 아니라는 인
상을 풍겨야 한다. 그러면 상대방 입장에서는 좋고 나쁨에 따
라 자기가 하지 않아도 되는 핑계를 찾을 구실이 없어진다. 그

래서 일을 시키는 사람이 마음에 들거나 들지 않아서 일에 영향을 주는 것이 없어진다.

물론 상대방 입장에서 좋은 상사가 시키는 일에 대해 다른 사람이 시키는 일보다 더 정성을 다해야 한다는 책무를 느낀다면 더할 나위 없이 좋다. 그렇다고 해도 사람은 자기의 이익을 위해서 일하는 속성이 있는 만큼 상대방에게 가능한 한 좋지도 혹은 나쁘지도 않은 사람으로 인식되는 것이 좋다. 그래서 보답을 할 때는 선한 사람이 되고, 응징을 할 때는 악한 사람이 되어야 한다.

15 적절하게 분노를 자극한다

일을 시키면 잘 따르던 사람들이 갑자기 반항하면서 잘 안 따를 때가 있다. 또 평상시보다 더 친절하게 대했는데도 갑자기 말을 잘 안 들을 때도 있다.

품어야 할 사람인가

누구보다도 적극적으로 나를 지지하고 옹호해주던 사람이 갑자기 싫어하는 내색을 보이며 낯선 이방인을 대하듯 한다면, 그의 주변에 나를 나쁘게 말하는 사람이 있다는 것이다. 두 사람만 모여도 안 좋은 의미의 '정치'가 있게 되는데, 조직 생활을 하다 보면 인간관계의 정치를 하는 사람이 있기 마련이다. 게다가 그런 사람일수록 말발이 세다. 마당발에다 사람을 구설에 오르게 하는 데는 달인의 경지다. 세 치 혀로 사람을 죽이고 살릴 정도의 교묘한 말솜씨를 가진 사람이다. 그런 사람들은 특히 남이 잘되는 꼴을 못 보고, 잘나가는 사람을 끌어내려 스스로를 돋보이게 한다. 자기 편이나 득이 될 사람이라고 여길 때는 감싸고 돌다가, 자기에게 해가 된다는 판단이 서면 언제든 칼끝을 돌리는 냉혹한 사람이다.

사람은 누구나 양면성이 있다. 좋은 점이 있으면 나쁜 점이 있고, 밝은 곳이 있으면 극히 어두운 곳이 있듯이 강점이 있으면 약점도 있기 마련이다. 그런데 사람의 강점이란 것은 어떻게 받아들이고 해석하느냐에 따라 강점이 약점이 되고, 약점이 강점이 되기도 한다. 직업 정치인들은 경쟁자를 비방하기 위해 그 점을 잘 이용한다. 일을 열심히 하는 사람에 대해서는 일만 열심히 할 뿐 사람과의 관계를 중요시하지 않는다고 말하고, 관계에 치중하는 사람에 대해서는 일을 제대로 하지 못하면서 사람들과 관계를 맺으려고 수다를 떤다고 폄하한다. 언제나 자기가 주인공이 되어야 하고, 자기 위주로 모든 것이 돌아가야 한다고 생각하는 사람일수록 그런 악한 성향을 보이므로 그런 사람과 함께 업무를 할 때는 조심해야 한다. 그렇다고 해서 그런 사람을 적대시하며 서로 척을 지면 오히려 부작용이 더 많다. 그런 사람일수록 품어야 한다. 인디언 속담에 친구는 그냥 가볍게 안아 줘도 되지만 적이라고 생각하면 더 꼭 껴안아서 적이 꼼짝하지 못하도록 해야 한다는 말이 있다. 공식 석상에서 그 사람을 치켜세워 주는 식으로 그 사람이 꼼짝달싹하지 못하도록 품 안에 꼭 껴안아야 한다.

사나운 개가 있지는 않은가

구맹주산狗猛酒酸이라는 말이 있다. 이 말은 술집 앞에 사나운 개가 있으면 술이 쉰다는 말이다. 술을 아무리 잘 담가 놓아도 술을 사러 오는 사람이 술집 앞에 있는 사나운 개 때문에 섣불리 들어가지 못해 술을 살 수 없고, 결국에는 술이 팔리지 않아 술이 시어지고 상한다는 것이다. 자기의 영향력이 미치는 범위 안에서 자기가 일을 시키고자 하는 사람들에게 자기에 대한 악성 루머를 퍼트리는 사람을 잘 관리해야 한다. 혹자는 자기만 열심히 하고 진정을 다해서 대하면 능히 다른 사람들이 알아줄 것이라고 생각하는데, 이는 현실을 명확하게 인지하지 못한 것이다.

이제는 잘 만든 제품이 잘 팔리는 것이 아니라, 잘 팔리는 제품이 잘 만든 제품이라는 것이 상식이 되어버렸다. 단순히 일만 열심히 하고 혼자만 잘해서는 잘 되기 힘든 세상이다. 어느 정도 정치를 할 수 있어야 하고, 암암리에 자기 자신이 어떤 사람이라는 것을 평상시에 마케팅을 해 두어야 한다.

16 테스트를 통해 상대를 알아본다

직원들을 움직이게 하려면 상대방이 자기 마음대로 움직일 수 있는 사람인지를 먼저 시험해 봐야 한다. 즉, 일을 시키면 그 사람이 자기가 원하는 방향으로 움직일지 혹은 배반할지를 미리 테스트해 봐야 한다.

직장인은 누구나 가면을 쓰고 있다

직장인들은 출근할 때 자존심을 집에 놓고 나온다는 말을 할 정도로 직장에서 일종의 가면을 쓰고 생활한다. 먹고살기 위해서는 싫은 일도 해야 하고 자존심도 버려야 한다고 생각하는 사람들이 직장인이다. 특히 월급에 상사로부터 받는 스트레스를 견디는 데 따른 보상도 포함되어 있다고 말할 정도로 많은 스트레스를 받으면서도 평소에는 웃는 낯의 가면을 쓰고 생활한다.

자기가 전혀 내키지 않는 일인데도 하고, 상사의 말에 불만이 있어도 그러한 마음이 밖으로 드러나지 않도록 철저히 위장한다. 그러기에 도대체 상대방의 심리를 알 수 없는 것 또한 사실이다.

직장인만 지니고 있는 특징은 아니다. 일반적으로 사회생활을 하면서도 사람들은 품위나 예절 혹은 권위라는 것 때문에 자기의 본심을 숨기고 생활한다.

약간의 테스트가 필요한 이유

직장인들은 기본적으로 자기가 가진 본성을 쉽게 드러내지 않는다. 하지만 자기에게 손해가 되고 위협이 되는 위기의 순간이 오면 자기도 모르게 본성을 드러내게 마련이다. 그 본성을 알아야 한다. '어차피 직장 생활일 뿐인데 그 사람의 숨기고 있는 본성을 굳이 알아야 할 필요가 있는가?'라는 의문을 제기하는 사람도 있지만, 계속 상대방과 함께 생활하기 위해서는 상대방의 본심을 알아야 한다. 그렇지 않으면 믿는 도끼에 발등이 찍히는 경우가 생길 수 있기 때문이다.

금전 거래에 투명하고 돈에 욕심이 없다고 말하는 사람의 말을 믿고 그 사람에게 거액을 맡겼다가 결국 사기를 당하는 경우가 있듯이 직장 생활도 마찬가지다. 평소에는 그 사람의 말을 잘 듣다가 어느 시점에 자기에게 이익이 되지 않고 손해가 된다거나 자기가 위협받는다고 생각하면 언제든지 상대방을 배신하는 사람이 많은 것이 현실이다.

그러므로 다른 사람들이 알아서는 안 되는 비밀스러운 일이나 경쟁사들이 알아서는 안 되는 보안을 지켜야 하는 일을 맡길 때에는 우선적으로 테스트를 하고서 그 사람에게 일을 시켜야 한다.

사람을 잃지 않는 선에서 시험한다

테스트는 두 가지가 있다. 한 가지는 그 사람이 어떠한 기질을 가지고 있고 곤란한 상황에 처하면 그 위기에 어떻게 대처하는지를 알아보는 방법도 있고, 또 다른 하나는 시키고자 하는 그 일을 할 수 있는 지식과 능력을 지니고 있는지를 테스트하는 것이다.

이 두 가지 중에서 가장 중요한 것은 인품이나 성격이다. 단기간에 일을 목적으로 할 경우에는 재능을 시험해야 하지만, 일을 대하는 태도에 대한 것과 의리 등을 시험할 때는 그 사람의 인성을 테스트해야 한다.

그런데 이때 주의해야 하는 것은 상대방을 시험하기 위해서 일부러 어렵고 힘든 일을 주고 그것을 하지 못하면 그것을 빌미로 상대방을 꼼짝 못하게 휘어잡으려고 하는 테스트는 장기적으로 볼 때 관계를 악화시키는 원인이 된다는 점이다. 그러므로 테스트를 할 때는 테스트 이후에 상대방과의 관계가 악화되지 않도록 수위를 조절하면서 적정하게 해야 한다.

17 상대의 마음속에 답이 있다

직원들을 움직이기 위해서는 그들의 컨디션을 보면서 메시지를 전달해도 되는 상황인지를 판단해야 한다.

상대의 컨디션이 일의 컨디션이다

직원들이 메시지를 받을 준비가 되지 않은 상태에서 전달하는 것은 미처 공을 받을 준비가 되지 않은 포수에게 강속구를 던지는 것과 같고, 전혀 먹을 생각이 없는 사람 입에 음식을 밀어 넣는 격이다. 그러므로 직원들을 움직이기 위한 메시지를 전달할 때는 상대방의 컨디션을 보면서 적정한 시점에 전달해야 한다. 사람의 귀는 항상 열려 있다. 하지만 귀가 상시 열려 있다고 해서 주변에서 하는 말을 모두 듣는 것은 아니다. 다른 생각을 하고 있으면 다른 사람의 말을 들을 수 없다. 그러므로 상대방에게 말을 할 때에는 직원들이 내 말을 들을 준비가 되어 있는지를 먼저 확인해야 한다. 그래서 직원들이 전혀 준비되어 있지 않다면, 주의를 집중시켜 자기의 말을 들을 수 있도록 해야 한다.

일을 잘하는 직장인의 비결

직장에서 일을 잘하는 사람은 상사의 감정 상태를 항상 예의 주시하다 상사의 기분이 좋은 시간대를 찾아서 보고한다. 같은 내용을 보고하더라도 상사가 기분이 좋은 상태에서 보고하면 칭찬을 받을 수 있고, 결재 승인도 쉽게 받을 수 있다. 하지만 같은 내용도 상사의 기분이 저기압인 상태에서 보고하면 칭찬은 고사하고 오히려 좋지 못한 소리를 들을 수 있다. 그래서 일을 잘하는 사람은 상사가 기분이 좋지 않을 때는 보고를 하지 않는다.

　일만 열심히 한다고 해서 일을 잘하는 것이 아니다. 이에 더하여 눈치가 있어야 한다. 일을 잘해도 눈치가 없으면 오히려 일을 못한다는 핀잔을 받을 수 있고, 많은 성과를 냈어도 오히려 질책을 받는 경우도 있다. 눈치를 잘 본다는 것은 상사의 입장에서 생각하면 상대방을 잘 배려하는 것이라고 할 수 있다. 상대방에게 일을 시킬 때도 상대방의 컨디션에 따라 눈치껏 행동해야 한다. 사람의 생각이 감정을 만들고 그 감정으로 인해 행동하는 것이 사람의 행동 프로세스이다. 그러므로 상대방의 심리 상태를 알기 위해서는 직원들의 생각이 어디에 집중되어 있고, 상대방의 관심사는 무엇인지를 아는 것이 중요하다. 『손자병법』에서는 전쟁에서 승리하기 위해서는 상대가 지친 틈을 타서 공격하고, 상대의 허를 찌르는 것이 승리의 관건이라고 말한다. 하지만 직원들은 상사의 적이 아니다. 간혹 직장 상사 중에는 직원들이 지쳐 있거나 힘들어하는 모습을 보일 때 그런 시기를 틈타 더 괴롭게 하는 사람도 있는데, 그래서는 상대방을 전투의 상대로 여기는 것밖에 되지 않는다. 상대방의 마음을 얻기 위해서는 상대방의 심리 상태가 편안하고 활기찬 상태에 있을 때 일을 시키는 것이 좋다.

주도권은 상대방에게

직원들을 움직이게 하려면 그들의 성향에 따라 저마다 일처리 방식과 속도가 다름을 인정해야 한다. 상사가 생각하는 방식과 직원들이 생각하는 방식은 다르며, 일을 시키는 자에게 주도권이 있는 것이 아니라, 그 일을 하는 자에게 주도권이 있다는 사실을 정확히 알아야 한다. 공식적으로는 상사가 리더이고 수장이지만 실제로 일하는 사람은 직원들이다. 즉, 실무를 맡은 직원들이 일을 하지 않으면 그 일이 이뤄질 수 없고, 일의 진척이 없다는 것을 알아야 한다. 그런데도 많은 상사들이 빨리 결과를 내려는 급한 마음에 상대방을 다그치는 경우가 많다. 하지만 일로 인해 상대방과 척을 지지 않기 위해서는 상대방을 배려하는 차원에서 믿고 기다려야 한다. 아울러 상대방의 상황을 보고 일의 마감 기한을 정해야 한다. 일을 하는 사람이 일의 주인이다.

18 함께하는 꿈은 이루어진다

선공후사先公後私, 공익을 먼저 생각하고 개인의 사적인 이익은 나중에 생각하는 마음을 말한다. 상대방에게 일을 시킬 때는 공공의 복리를 위해서 혹은 많은 사람들의 이익을 위한 일이기에 기꺼이 동참해야 함을 주장해야 한다.

'우리'를 강조한다

직원들을 움직이게 하려면 공동체 의식을 갖게 하는 것이 좋다. 우리는 하나이고 너와 나는 조직의 일원으로서 조직을 위해서 힘을 합해야 하는 동반자임을 알게 해야 한다. 그러면 상대방은 공동의 번영을 위해서 함께 노력해야 한다는 것을 의식하고 한마음 한뜻으로 일하게 된다.

대화나 회의를 할 때도 가급적 '우리'라는 용어를 자주 사용하고, 서로가 조직을 위해서 자기가 맡은 영역에서 최고가 되어야 함을 인지시켜야 한다. 또한 동료의 성장을 위해서 일하는 것이 조직을 위한 일이고, 동료가 성장하는 것이 자기가 성장하는 것이라는 생각이 들도록 해야 한다.

감동을 공유한다

사람들은 가족이라는 것, 그리고 함께 의지하고 함께 감정을 나누는 사람이 곁에 있다는 것에 대해서 가슴 뿌듯한 감정을 느낀다. 그러므로 상대방을 움직이기 위해서는 어떠한 경우에도 상대방의 이익을 대변해 주는 사람이라는 것을 알게 해야 한다.

특히 어려운 상황에 처했을 때는 공생공사共生共死해야 한다는 생각을 갖도록 일체감을 형성하는 이벤트를 하는 것도 좋다. 전쟁터에서 지친 병사들을 위로하기 위해서 임금이 하사한 술을 강물에 풀어서 함께 술을 마신 일화 같은 이벤트를 하는 것도 좋다.

동반자 의식을 갖게 한다

직원들을 움직이기 위해서는 상대방과 자기는 하나이며 그 일을 함으로써 모두가 이익을 본다는 생각을 갖게 해야 한다. 내가 시키는 일과 당신이 하는 일에는 차이가 없으며, 내가 하는 일이나 당신이 하는 일은 모두 공동의 이익을 위한 일임을 알게 해야 한다. 즉, 한 가족 의식, 한 식구 의식, 패밀리 의식, 가족 의식 등 한솥밥을 먹는 식구라는 의식을 갖게 해야 한다.

우분투Ubuntu, 즉 내가 있기에 네가 있고 네가 있기에 내가 있다는 의식을 갖게 하고, 머리는 두 개지만 몸은 하나라는 생각을 갖게 해야 한다. 그러면 상대방은 남이 시키는 것이 아니라, 공동의 이익을 위해서 조직원으로서 당연히 해야 하는 일이라고 생각한다.

화이부동과 동이불화

직원들을 움직이기 위해서는 상대방과 조화를 이루되 그들이 자기와 동일해지기를 바라서는 안 된다. 『논어』에서 공자는 군자는 다른 사람들과 조화를 이루되 다른 사람이 자기와 동일하게 되는 것을 요구하지 않는 데 반해, 소인은 다른 사람들과 같은 생각을 가지고 있으면서도 조화를 이루지 못한다고 말한다.

그렇다. 직원들을 움직이기 위해서는 먼저 상대방과 조화를 이루는 것이 중요하다. 그러기 위해서는 같은 것을 먼저 취하고, 다른 것은 여지를 남겨 두어야 한다. 즉, 서로의 공통점이 일치하도록 하고 서로 다른 생각을 가지고 있는 것에 대해서는 시간을 두고 차츰차츰 해결해야 한다. 그것이 서로 조화를 이뤄 가는 것이다.

19 존중해 주면 존중해 준다

직원들을 움직이기 위해서는 일을 시킬 때 일의 성과를 운운하기보다는 서로의 인간적인 관계에 대해 말해야 한다. 즉, 서로가 좋은 관계를 나누는 것에 초점을 두어야 한다. 설령 속으로는 성과를 내는 것과 일의 효율이나 효과, 작업 능률을 생각하더라도 외적으로는 언제나 사람을 중심에 두고 홍익인간의 이념을 실천해야 함을 강조해야 한다.

잘나가는 것이 잘난 것이 아니다

직원들을 움직이기 위해서는 서로가 동일한 위치에서 시작해야 한다. 자기가 이층에 있고 직원들이 일층에 있는 것이 아니라, 서로 동등한 입장에서 말해야 한다. 특히 직장 상사는 부하에게 일을 시킬 때, 겸손한 태도로 상대방의 마음이 동화되게 말해야 한다. 그러기 위해서는 자기는 주인이 아니라 머슴이라는 생각을 가져야 한다. 즉, 주인 의식을 가지고 일하되 상대방에게 일을 시킬 때는 머슴의 자세로 일을 시켜야 한다는 것이다.

아울러 일단 부하에게 일을 시키면 그 일이 끝나는 시점까지는 부하가 전적인 책임을 가지고 일을 할 수 있도록 해야 한다. 자기가 다스리는 사람이 많다고 해서 리더십이 뛰어난 것이 아니다. 자기가 섬기는 사람의 숫자가 많아야 진정으로 리더십이 뛰어난 리더다.

상대방의 이름을 거론한다

직원들을 움직이기 위해서는 그들의 나르시시즘을 채워 주어야 한다. 매슬로우의 욕구 5단계에서 말하듯 사람에게는 남에게 인정받고자 하는 욕구가 있다. 그 욕구 중 가장 기본적인 욕구는 자기 이름에 대한 인정의 욕구다. 인간은 기본적으로 호명지심이 있다. 일을 하는 것도 종국에는 자기 명성을 위해서다. 여기서 명성이라는 것은 직위나 권좌 등의 자리에 대한 것이지만, 결국 자기 이름을 알리기 위한 것이라고 해석할 수 있다.

호랑이는 죽어서 가죽을 남기고 사람은 죽어서 이름을 남긴다는 말이 있듯이 사람들은 자기 이름에 대한 인정의 욕구가 강하다. 그러므로 상대방의 이름을 자주 불러 주어야 한다. 김춘수 시인의 「꽃」에 "내가 그의 이름을 불러 주었을 때 / 그는 나에게로 와서 / 꽃이 되었다"는 구절이 있다. 누군가의 이름을 불러 준다는 것은 그 사람의 존재를 인정해 주는 것이고, 존재감을 찾아 주는 것이다. 그러므로 대화할 때도 가급적이면 상대방의 이름을 넣어서 말하고, 상대방의 이름이 회자되도록 이벤트를 하는 등 가시적으로 상대방의 이름이 빛나도록 해서 나르시시즘을 채워 주어야 한다.

20 유리한 환경을 만든다

직원들을 움직이기 위해서는 그들이 내 영향력이 미치는 힘의 범위 안에 놓이도록 해야 한다. 그래서 직원들이 기를 펴지 못하게 해야 한다.

나에게 유리한 환경으로 끌어들인다

운동 경기를 할 때 '홈그라운드의 이점'이라는 말을 한다. 어디에 무엇이 있는지를 다 꿰고 있는 경기장에서 시합을 하는 것과 낯선 곳에서 하는 것은 분명 차이가 있다. 아무래도 원정 경기를 하면 원거리를 이동해야 하기에 육체적인 피로도가 높다. 하지만 안방으로 상대팀을 불러 경기를 하면 상대방은 피곤한 상태에서 경기를 하게 됨으로써 자기가 훨씬 유리한 고지에서 경기를 치르게 된다. 그로 인해 상대를 이길 확률이 높다.

강자들이 약자를 다스리기 위해서 가장 많이 쓰는 방법 중 하나는 바로 환경과 제도를 자기에게 유리하도록 만드는 것이다. 그러므로 상대방의 힘이 강하면 그 힘이 약화되도록 판을 자기에게 유리하게 만들어야 한다. 여기서 판을 바꾼다는 것은 자기에게 유리하게 규칙을 정하는 것이고, 직원들이 잘하는 것을 못하게 하는 것을 의미한다. 물론 상대방의 기분을 좋게 하여 동기를 부여하기 위해서는 상대방의 강점을 공략하는 것이 좋다.

이에 더하여 직원들이 변화된 환경에 충분히 적응하지 못하는 순간에 분위기를 자기 분위기로 만드는 것이 중요하다. 자칫 직원들이 낯선 환경에 빨리 적응하여 오히려 역공을 날릴 수 있으므로 그들이 환경에 적응하기 전에 선제공격을 해야 한다. 마치 유럽에서 한국에 온 축구선수들이 미처 시차에 적응할 여유를 주지 않고 맹렬하게 공격을 퍼부어야 하듯이 직원들이 낯선 환경에 접할 수 있는 시간적인 여유를 주지 않고 공략하는 것도 필요하다.

21 정보가 힘이다 👥

직원들을 움직이기 위해서는 그들의 주변 사람들의 말이 진짜인지 아니면 거짓인지를 잘 살펴야 한다.

정보의 가면을 벗겨라

조직에서 일하다 보면 남의 말을 나쁘게 해서 중상모략으로 다른 사람을 궁지로 내몰고 그 자리를 차지하려는 사람들이 많다. 늙은 여우처럼 교활하기 짝이 없는 그런 사람들의 권모술수에 넘어가지 않기 위해서는 주변에서 들리는 정보의 진위 여부를 잘 확인해야 한다. 특히 측근이나 자기와 절친한 사람이 하는 말을 곧이곧대로 믿기보다는 무엇이 진실인지를 잘 판가름해서 선택에 반영해야 한다.

여론을 놓치지 않는다

조직의 수장이나 경영하는 사람들은 선택과 결정을 함에 있어서 자기 직관에 의지해서 판단하는 경우도 있지만, 여러 사람의 의견을 들어 보고 여론을 봐서 선택하고 결정하는 경향이 있다. 그런데 권모술수나 말로 정치하는 사람들은 조직의 리더나 경영자들이 어떠한 채널을 통해서 정보를 입수하는지를 알고 그 정보 채널을 활용하여 자기의 이익을 얻기 위해서 거짓된 정보를 마치 진실인 양 포장해서 전하는 경우도 있다.

좋은 사람이 좋은 정보다

하루에도 수많은 정보들이 쏟아지고 있다. 또 인터넷이나 SNS를 통해 불특정의 수많은 사람들을 접하고 있다. 그런데 그 많은 정보 중에서 정말로 좋은 정보가 무엇인지를 알아야 하고, 자기에게 필요한 정보를 제공해 주는 사람이 누구인지를 잘 선정해서 그 사람에게 정보를 구해야 한다. 즉, 쓸모가 없는 정보로 시간을 소비하지 말고 가급적이면 좋은 정보를 얻어서 선택에 활용해야 한다. 왜냐하면 사람들은 듣는 말에 따라 선택이 달라지기 때문이다.

매일 부정적인 말을 듣는 사람들은 자기도 모르게 부정적인 사람이 되고, 매일 평안한 말을 듣는 사람들은 정서적인 안정을 누릴 확률이 높다. 또 매일 접하는 사람들이 부정적인 사람이면 자기도 모르게 부정적인 사람으로 변하고, 자기 주변 사람들이 긍정적이고 낙관적으로 생활하는 사람들이 많으면 자기도 모르게 그런 사람으로 거듭난다.

야누스가 된다

사람은 천성이 선하다는 맹자의 성선설을 믿어야 하는가? 아니면 사람은 태어나면서부터 본성이 악하다는 순자의 성악설을 믿어야 하는가? 사람들을 자기 마음대로 움직이기 위해서는 상대방을 완전히 믿지 말아야 한다. 자기에게 가장 친근하게 대하는 사람이 가장 먼저 배신하게 마련이다. 그러므로 상대방과 좋은 관계를 형성하고 잘 지내는 것도 좋지만, 전적으로 믿지 않아야 한다.

사람에게는 천사와 악마가 동시에 살고 있다. 그래서 상황에 따라 자기에게 유리한 카드를 사용한다. 천사로 지내는 것이 자기에게 이로우면 천사로 지내고, 자기가 손해를 보거나 상대방에게 잡혀 먹을 것 같은 위기의 상황에서는 악마의 모습을 보인다. 그런 인간의 속성을 기본 바탕에 깔고 생활해야 한다. 단, 그것을 내색하지 말아야 하고 직원들이 보기에는 전적으로 무한 신뢰를 보낸다는 인상을 풍겨야 한다.

상대방 역시 전적으로 무한 신뢰를 보내지만 자기의 목숨을 내놓을 정도의 충성심을 보이지 않는다. 또 그렇게 이중인격자임을 알면서도 힘의 논리에 의해 그 사람을 칭송하며 순종하는 모습을 보인다. 겉으로는 천사인 척하면서 속으로는 음흉한 사람이 많은 세상이다. 그런 측면에서 볼 때, 높은 자리에 올라 사람을 다스리기 위해서는 후흑厚黑의 대가가 되어야 한다.

22 말의 무게는 힘과 비례한다

직원들을 움직이게 하는 것은 말재주나 말솜씨가 아니라 힘이다. 즉, 말을 잘하지 못해도 자기가 가진 힘이 강하면 말에 무게가 실린다. 자기가 아는 것도 많고 청산유수처럼 말을 잘한다고 해도 가진 힘이 약하다면, 그 말을 다른 사람들이 잘 듣지 않는다.

말과 힘의 화학반응

지록위마(指鹿爲馬)의 고사성어에서 말하듯이 사람들은 힘의 논리에 의해서 움직인다. 이성적이고 배운 사람이기에 품위 있게 행동해야 하며, 약자의 편에서 희생하고 봉사해야 한다는 것은 방송용이다. 사람들은 자기 안위를 위해서 선택하고 자기에게 유리한 쪽으로 모든 것을 결정한다.

그러므로 직원들을 움직이기 위해서는 힘을 길러야 하고, 이에 더하여 그 힘을 이용하여 직원들을 능수능란하게 움직일 수 있는 스피치 능력을 길러야 한다. 한두 사람은 힘으로 움직일 수 있어도 여러 사람을 움직일 수 있는 것은 말의 힘이다. 연설로 수천 명의 대중을 움직이게 하는 힘이 있어야 한다.

물론 이 역시도 결국은 가진 힘에 따라 파급효과가 다르다. 힘이 없는 사람이 올바른 소리를 하면 그것이 옳다고 생각하지 않는다. 아니, 옳은지 알지만 그 사람의 말을 듣고 선뜻 행동하지 않는다.

공자가 평생에 걸쳐 단 한 번 미관말직의 벼슬을 했는데, 공자 역시 하찮은 벼슬이지만 그것이라도 맡고 있으니 다른 사람들이 자기의 말을 귀담아듣고, 벼슬이 없을 때는 걸어서 유세하다 보니 특정 지역에 한정되었는데, 관리가 되어 말을 타고 다니면서 유세하니 더 많은 지역으로 유세를 하게 되더라고 말한다. 이처럼 직원들을 움직이기 위해서는 자기가 힘을 가져야 하고 그 힘을 이용하여 설득해야 한다.

자기 브랜드 가치를 올린다

직원들을 움직이기 위해서는 그들이 자기에게 호감을 느끼게 해야 한다. 그러기 위해서는 먼저 자기 브랜드 가치를 올려야 한다. 자기가 잘나가고 다른 사람에 비하여 가치가 높으면 상대방은 당신을 자랑스럽게 생각한다. 설령 일에 대한 보상이 적어도 사회적으로 명망이 높고 많은 사람들에게 존경받는 사람과 함께 일한다는 것 자체를 자랑스럽게 생각한다.

자기 브랜드 가치가 다른 사람에 비해 얼마나 큰가는 다른 사람들에게 일을 시켜 보면 안다. 그래서 일을 시켰는데 반응이 없다면 자기 권력이 약화된 것이라고 생각해야 한다. 반대로 자기가 하는 말에 많은 사람들이 적극적으로 관심을 보이고 있다면 자기 힘이 강하다고 봐야 한다.

정승 집 개가 죽으면 문상객이 문전성시를 이루지만 정승이 죽으면 개미 한 마리도 없다는 말이 있듯이, 사람은 권력자에게 빌붙기를 좋아한다. 또한 지록위마에서 말하듯 사람들은 살아남기 위해서 거짓도 진실이라고 말한다. 그래서 권력을 가진 사람이 권력을 잃어버리면 안된다. 또 대기업에 있다가 협력업체로 이직을 하면 알게 된다. 사람들이 얼마나 권력과 돈 냄새를 잘 맡는지를 말이다.

그런 것을 보면, 사람을 자기편으로 만들기 위해서 어떻게 해야 하는가는 자명하다. 자기에게 남들과는 다른 차별화된 경쟁력이 있어야 하고, 다른 사람들이 존경할 정도의 인품이나 부富가 있어야 한다.

선도하는 사람이 된다

상대방을 자기 마음대로 움직이기 위해서는 얼리어답터가 되어야 한다. 그래서 다른 사람들에게 새로운 정보를 제공해야 한다. 새로운 정보와 고급 정보를 제공할 수 있는 사람이 남을 리드할 자격이 있다.

그러기에 남을 마음대로 움직이기 위해서는 남보다 먼저 깨어 있어야 한다. 그래야 다른 사람을 깨어 있게 할 수 있다. 이는 내 촛불에 불이 켜져 있어야 그 촛불로 다른 사람의 초에 불을 옮겨 줄 수 있는 것과 같다. 나에게 불이 없는데 어떻게 상대방 마음의 촛불에 불을 붙일 수 있으랴.

진정한 부드러움은 강함에 있다

직원들을 움직이기 위해서는 부드럽고 유연하게 접근해야 한다. 빨리 성과를 내야 한다고 생각해서 강압적으로 요구하는 것은 직원들로 하여금 반항하거나 거절하게 하는 단초가 된다. 그러므로 상대방에게 일을 시킬 때는 가급적 부드럽고 유연하게 대해야 한다. 직원들이 거절하더라도 성내지 말고 반복해서 요구해야 한다.

강한 것은 쉽게 부러진다. 특히 인간관계에 있어서 오래도록 상대방과 좋은 관계를 유지하기 위해서는 가급적 부드럽고 유연하게 대해야 한다. 또 말을 하더라도 상대를 배려하는 언어를 구사해야 한다. 그렇지 않고 상대방에게 거칠게 큰소리로 기선을 제압하려는 사람이 있는데, 그것은 오히려 상대방에게 거절을 요구하는 것과 같다.

강자의 겸손이 진짜 겸손이다

직원들을 움직이기 위해서는 겸허한 언어, 배려하는 언어, 부탁하는 어조로 말하되 직원들이 거부감을 보이면 뒤로 한발 물러서야 한다. 진정한 부드러움은 강함에서 나온다. 이 말은 상대방을 부드러움으로 설득하기 위해서는 평소 상대방에게 강한 모습을 보여야 한다는 뜻이다. 그래서 상대방으로 하여금 자기는 다른 사람에 비하여 매우 특별한 사람으로 대접받고 있다는 생각이 들도록 해야 한다.

사실 강한 사람이 부드럽게 할 때, 그 부드러움이 효과를 자아낸다. 이에 반해 힘이 없고 유약한 사람이 상대방을 부드럽게 대하는 것은 비굴한 모습으로 비춰질 수 있다.

강함과 부드러움은 상생한다

강한 것을 더 강하게 하는 것은 부드러움에 있고, 부드러운 것을 더욱 부드럽게 하는 것은 강함에 있다. 즉, 부드러움이 효과를 발휘하게 하기 위해서는 강함이 있어야 하고, 강함이 효과를 발휘하기 위해서는 부드러움이 있어야 한다. 그렇다. 강하게 해야 하는 경우에는 먼저 부드러움으로 연막을 치고 난 다음에 강함을 드러내야 하고, 부드럽게 말하기 위해서는 먼저 강함으로 상대방을 혼란스럽게 해야 한다.

사람은 감정이 격해진 상태에서는 남의 말에 동의하지 않는다. 하지만 감정이 격해졌다가 다시금 유연해지면 마음의 긴장이 풀려서 그 순간에 동의의 의사 표시를 할 확률이 높다.

23 따뜻한 온기를 유지한다 👥

직원들을 움직이기 위해서는 상대방에게 지속적으로 좋은 감정을 전달해야 한다. 더운 곳에 가면 더위를 느끼고, 추운 곳에 가면 추위를 느끼듯이 사람들은 따뜻한 사람을 보면 따뜻한 감정을 느끼고, 냉정한 사람의 곁에 가면 냉정한 감정을 느낀다. 그러므로 직원들을 움직이기 위해서는 긍정적이면서 따뜻한 온기를 주는 마음을 계속해서 마음에 품고 있어야 한다.

좋은 감정이 좋은 관계다

상대방에게 따뜻한 기운을 주어야 한다고 해서 애써 따뜻한 기운을 전달하지 않아도 된다. 또 일부러 긍정적인 생각을 가지라고 말할 필요도 없고, 따뜻한 온기를 심어 주기 위해서 애써 위장하거나 강제적으로 그런 사상이나 감정을 주입할 필요도 없다. 근묵자흑近墨者黑이라는 말처럼 자기가 긍정적이고 훈훈하면 상대방도 자연스럽게 그 분위기에 젖게 마련이다.

또 상대방은 내가 시키는 일을 잘할 것이며, 나도 그 사람을 좋아하기 때문에 그 사람은 나에게 호감을 가질 것이라는 선입감을 가지고 상대방을 대해야 한다. 그렇지 않고 나와는 전혀 맞지 않고 인간적으로 좋지 못한 성품을 가진 사람이라는 생각을 가지고 있으면 자기도 모르게 그 사람에게 그런 생각이 전달된다.

내가 상대방을 좋게 보면 상대방도 나를 좋게 본다. 말을 할 때도 상대방에게 겸손하게 말하고 정중하게 말할 것을 강요하지 않아도 된다. 그냥 자기가 겸손하고 정중한 태도로 상대방을 대하면 된다. 자기가 진실을 다해서 말하면 상대방도 진실을 다해서 응답할 것이다. 그렇지 않고 상대방에게 무례하게 말하거나 기분을 상하게 하는 말을 하면 상대방은 당연히 좋지 않는 감정을 담아 대답할 것이다.

그렇다. 말이 씨가 되고 '몸이 먼저 말을 한다'는 말이 있듯이 상대방에 대해서 악한 감정을 가지고 있거나 좋지 못한 선입감을 갖고 있으면 그러한 감정이나 기분 상태가 상대방에게 전달되기 마련이다.

다름을 인정한다

상대방의 마음은 내 마음 같지 않다. 내가 지시했다고 해서 직원들이 내가 한 말을 모두 다 내가 생각하는 것처럼 이해를 했다고 볼 수 없다. 그러므로 직원들이 나와 다르다는 사실을 알고, 일이 잘못되었을 경우에는 그 일이 왜 잘못되었고 어찌하여 자기가 원하는 방향으로 일을 하지 않았느냐고 탓해서도 안 된다.

아울러 상대방은 자기의 업무를 도와주고 실적을 올려 주는 든든한 동반자라는 생각을 가져야 한다. 같은 장소에서 오랜 기간 함께 일하는 직장 동료라는 생각과 동종에 종사하는 동업자 정신을 가져야 한다. 그렇지 않고 자기는 상사이고 상대방은 부하라는 생각으로 함부로 대하거나 상대방의 생각을 자기의 생각 속에 가두려고 하는 것은 올바른 리더십이 아니다.

조직의 크기는 결코 리더의 크기를 넘어설 수 없다. 리더의 크기에 따라 조직의 크기가 결정된다. 하지만 리더가 역지사지의 마음으로 부하의 생각과 마음과 감정을 이해한다면, 그 부하들의 마음도 조직의 크기에 기여하게 하는 효과를 자아낼 수 있다. 그렇지 않고 조직에서 벌어지는 모든 일을 자기 뜻대로 움직이게 해야 직성이 풀리는 리더라면, 조직의 지속 성장과 번영을 기약할 수 없다.

입장 바꿔 생각한다

역지사지易地思之는 상대방의 처지를 이해하고 나와 상대방은 다르다는 사실을 인정하며, 상대방의 마음속에 들어가 그의 마음을 이해하고 공감하는 것이다. 『명상록』에서 말하기를, 상대방과 좋은 관계를 형성하기 위해서는 상대방의 마음속으로 들어가라고 했다. 또한 인디언 속담에 상대방을 이해하기 위해서는 그의 신발을 신고 살아 보라는 말이 있다.

그렇다. 직원들을 움직이게 한다는 말은 직원들의 마음을 이해하고 공감한다는 말의 역설적인 표현이다. 서로 소통하고 신뢰 관계를 형성하기 위해서 가장 필요한 것은 역지사지다. 그러므로 육식을 좋아하는 상대에게 채식을 먹도록 종용하기보다는 육식을 먹도록 해야 하고, 상대가 손으로 집어서 음식을 먹으면 자기 역시 상대방과 같이 손으로 음식을 먹어 봐야 한다.

국가와 조직에만 문화가 있는 것이 아니다. 각각의 개인에게도 남과 다른 독특한 개인적인 문화가 있다. 금성에서 온 남자와 화성에서 온 여자가 다를 수밖에 없다는 사실을 인지하고, 직원들을 움직이게 하기 위해서는 자기가 상대방의 문화를 이해하고 그 문화를 함께 즐길 줄 아는 아량이 있어야 한다. 그러기 위해서는 상대방에 대해서 알아야 하며, 자기만의 방식을 고집하지 말고, 상대방의 방식도 인정해 주어야 한다.

그들의 세계를 이해한다

직원들을 움직이기 위해서는 그들의 실력을 인정해 주고 그들이 가지고 있는 능력을 최대한 발휘할 수 있도록 해야 한다. 특히 요즘 젊은 사람들은 영민하고 똑똑하다는 생각을 가지고 접근해야 한다.

이집트 고대 피라미드에 "요즘의 젊은 사람들은 하나같이 예의가 없다."는 말이 적혀 있다. 수천 년이 지난 지금에도 나이

먹은 사람들은 대부분 "요즘 젊은 사람들은 예의가 없고 버르장머리가 없다."라고 말한다. 그래서 젊은 사람들을 도외시하고 경우에 따라서는 젊은 사람들이 조직에 잘 버티지 못하도록 왕따를 시키는 조직도 있다.

하지만 그 젊은 사람에 대해서도 좋은 선입감을 가져야 한다. 즉, 요즘 젊은 사람은 버릇이 없는 것이 아니라, 그렇게 버릇없다고 보는 관점에 이상이 있다고 봐야 한다. 나이 든 사람들은 젊은 사람들의 세계를 이해해 줘야 한다. 그들에게는 그들만의 고유한 은어가 있고, 쉽게 이해할 수 없는 행실이 있으며, 그들만의 소통 방식이 있다.

그것이 조직의 문화와 맞지 않다는 이유로 그들을 도외시해서는 안 된다. 그들은 이론이 박식하고 전문적인 지식이 높으며, 단지 경험이 부족할 뿐이라는 것을 인정해 주어야 한다. 그래서 그들에게서 전문적이고 새로워진 이론을 배우고 자기들이 가진 경험을 그들에게 간접적으로 전해 주어야 한다. 즉, 신구 간의 조화를 이루어야 한다.

나이로 일을 하는 것이 아니다. 나이가 많다고 해서 일을 잘 하고, 반대로 나이가 적다고 해서 일을 못하는 것은 아니다. 그저 나이는 숫자에 불과하다. 나이를 먹은 것이 약점이 되는 일도 있을 수 있고, 젊은 것이 강점이 되는 경우도 있다.

그러므로 나이를 먹은 사람들은 나이가 젊은 사람들을 포용해야 하고, 그들에게 자기가 가진 경험적인 지혜를 물려주어야 한다. 또, 나이가 젊은 사람들은 자기가 가진 신선함과 새로운 아이디어 그리고 최고로 진화된 신세대 감각의 기술을 경험 많은 사람들에게 전달해야 한다.

24 진짜 역사는 밤에 쓴다 👥

직원들을 움직이기 위해서는 공적인 자리 외에도 사적인 자리에서 상대방과 대화를 나누며 소통해야 한다. 그렇게 하면 공식적인 환경에서는 나누지 못했던 대화를 비공식적인 사석에서 나눌 수 있으므로 이로움이 많다.

밤에 쓰는 역사가 있다

낮에 쓰는 역사가 있고, 밤에 써야만 하는 역사도 있다. 이 말을 단순히 우스갯소리로 넘겨 보낼 수는 없다. 밖으로 드러나는 공식적인 일들은 알게 모르게 수많은 사람들의 모략과 전략이 가미되어 나타나는 결과물이다. 공식적인 절차에 의해서 투명하고 정의롭게 이뤄지는 모든 일들도, 그 내면을 속속들이 들여다보면 알게 모르게 수많은 음모가 스며 있다.

그러므로 상대방과의 비공식적인 밤의 대화를 통해 그 관계를 돈독하게 유지해야 한다. 공식적으로 해결되지 않는 것들도 밤에 술을 마시고 허심탄회하게 대화하다 보면 상상외로 일이 쉽게 풀리는 경우도 있다. 또 전혀 불가능하다고 생각했던 협상도 하룻밤이 지나면 전혀 판이 바뀌는 경우도 있다.

밤에 쓰는 역사는 준비를 말하는 것이다. 모든 일은 99.9퍼센트의 준비에 의해서 이뤄진다. 밤에 상대방에게 비공식적으로 이야기하며 서로 마음을 주고받는 행위는 상대방을 움직이도록 하기 위한 준비 작업이다. 그래서 역사는 밤에 쓰인다고 말한다.

25 앞서가면 뒤따른다 👥

직원들을 움직이기 위해서는 선견지명先見之明, 즉 앞을 내다보는 혜안이 있어야 한다. 그래서 직원들 앞에 장애물이 있다면 그 것을 치워 주어야 하고, 위험한 나락으로 떨어질 것 같으면 그 길로 가지 말라고 주의를 줘야 하며, 좋은 것은 취하고 좋지 못한 것은 취하지 않도록 해야 한다.

보이지 않는 것을 볼 줄 아는 눈

직원들을 움직이기 위해서는 그들이 보지 못하는 것을 볼 줄 알아야 하고, 직원들이 모르는 것을 알고 있어야 한다. 그래서 직원들이 위험하거나 어렵고 힘든 상황에 처하면, 무엇이 문제이며 그 문제를 해결하기 위해서는 무엇을 어떻게 해야 하는지에 대해서 지도해 주어야 한다.

그러기 위해서는 상대방의 성향에 대해서 알아야 하고, 일을 처리하는 스킬과 재능에 대해서도 알고 있어야 한다. 이에 더하여, 그 일에 대한 전문적인 지식과 현재 상황을 둘러싼 환경적인 요인을 알아야 하고, 미래에 어떤 정책이 새롭게 발현될 것인지에 대한 개략적인 혜안이 있어야 한다.

또 단순히 아는 것이 아니라, 그 아는 것을 활용할 줄 아는 응용력도 있어야 하고, 그 지식과 정보로부터 축출된 가장 핵심이 되는 소스를 현실에 맞게 잘 응용할 수 있는 능력을 지녀야 한다. 미래를 내다보는 예지력이나 통찰력은 그냥 생기는 것이 아니라, 숱한 경험과 지식에서 우러나는 지혜다. 그러므로 아는 것을 활용하여 자꾸 응용해서 현실에 접목해 보고 현상을 유심히 관찰하면서 일이 돌아가는 패턴과 추이를 봐야 한다.

아울러 역사는 계속 일정한 주기로 반복된다는 것에 착안해서 과거를 토대로 미래에 어떤 일이 새롭게 생길지를 예측해야 한다. 그러기 위해서는 과거와 현재 속에서 미래에 영향을 주는 핵심인자가 무엇이고, 그것이 향후 어떻게 전개될 것일지를 알아야 한다. 그래서 직원들이 잘못된 방향으로 길을 갈 때는 바른 방향으로 가도록 인도해야 하고, 직원들이 중도에 포기하고 싶은 생각이 들 때에는 향후 좋은 일이 있을 것이라는 기대감과 희망을 주어야 한다.

26 연출해야 걸작이 나온다

직원들을 움직이기 위해서는 필요하다면 하얀 거짓말도 할 줄 알아야 하고, 쇼나 연출도 해야 한다.

이왕이면 다홍치마

사람들은 힘이 있는 곳으로 몰린다. 점심 한 끼를 먹어도 사람이 몰리는 곳에서 먹으려고 한다. '이왕이면 다홍치마'라는 말이 있듯 가급적 좋은 것을 하려고 하고, 가능한 한 보다 나은 사람처럼 보이고 싶어 한다. 그래서 먹는 것은 허술해도 남에게 보이는 옷은 메이커를 선호하기도 하고, 자기가 가난한 삶을 살아도 다른 사람들에게 부자로 보이고 싶어 한다.

돈이 돈을 벌고 권력이 권력을 부르듯 사람은 돈이 많거나 권력이 많은 사람에게 몰리게 된다. 성품이 좋고 도덕성이 뛰어난 사람도 돈이나 권력이 없으면 사람들이 몰리지 않는다. 특히 자기에게 이익이 없고 오히려 자기가 도움을 주어야 하고 지원해 주어야 하는 상황에서는 더 거리를 두려고 한다.

　사람들은 착하고 돈이 없는 사람보다는 악하지만 돈이 많은 사람의 말을 잘 듣는다. 나쁜 사람이어도 그 사람이 돈이 많은 경우에는 똥파리들이 몰려들듯 그 사람의 돈에 이끌려서 몰려든다.

　백 드럼의 기름보다는 단 한 방울의 꿀이 파리를 끌어 모으는 데 탁월한 효과가 있다는 말처럼, 직원들이 원하는 방향으로 일할 수 있도록 상황을 연출해야 한다. 특히 직원들이 다른 사람들에게 알려지는 것을 좋아하는 취향을 가진 사람이라면 그 사람이 인정의 나르시시즘을 충분히 느낄 수 있도록 연출하면 효과가 더 크다.

단계별로 전략을 세운다

　직원들을 움직이기 위해서는 어떻게 순차적으로 상대방을 움직이게 할 것인지에 대한 전략을 단계별로 세워 두어야 한다. 그래서 처음에는 어떻게 공략하고 일을 하는 과정에서는 어떻게 할 것인지에 대한 단계별 전략을 세운 후, 그 전략에 따라 행동해야 한다.

　모든 것이 단번에 자기의 마음대로 이뤄지는 경우는 없다. 또 자기가 아무리 좋은 전략을 짜서 실행했더라도 그 전략대로 직원들이 행동하지 않으면 무용지물이 된다. 그러므로 직원들을 움직이기 위해서는 그들이 어떻게 반응할 것인지에 대한 시나리오를 작성하여 접근해야 한다.

아울러 일시에 상대방을 휘어잡아서 자기 뜻대로 움직이게 하려고 무리하다 보면 오히려 더 멀리 달아날 우려가 있다. 그러므로 시나브로 직원들이 눈치를 채거나 의식하지 못하게 전략적으로 접근해야 한다.

화를 참으면 복이 온다

마음의 평정을 찾아야 세상을 평정한다는 말이 있듯 다른 사람을 다스리기 위해서는 자기의 감정을 항상 평온한 상태로 유지해야 한다. 다른 사람에게 일을 시키다 보면 본의 아니게 자기 뜻대로 일이 되지 않아 화를 내는 경우가 있다. 특히 자기가 시키는 대로 직원들이 일을 수행하지 않으면 더욱더 화를 내게 되는데, 그런 경우에도 참고 또 참아야 한다. 자기가 힘이 강해서 상대방을 자기 마음대로 할 수도 있다는 생각을 가진 사람이라면 더욱더 참고 또 참아야 한다.

대부분의 사람과 사람 간의 관계에서 불상사가 생기는 경우는 한 순간의 감정을 참아 내지 못해서 생기는 경우가 많다. 그래서 화가 나면 3초만 참으면 되고, 참을 인忍이 셋이면 살인도 면한다는 말처럼, 참고 견디는 힘이 있어야 한다. 자기의 감정을 주체하지 못하는 사람은 모든 것을 한 번에 무너뜨리게 된다. 그러므로 화가 난다면 침을 삼키고 숨을 크게 한두 번은 쉴 정도의 여유를 가져야 한다.

특히 일을 하다 보면 개중에는 일부러 화를 돋우는 사람도 있다. 그런 복병을 조심해야 한다. 그러므로 자기가 사람을 마음대로 할 수 있는 위치에 있어도 항상 사람을 대함에 있어서는 지뢰밭을 걷는 것처럼 행동해야 한다.

느림이 빠름이다

일을 시키는 입장에서 주로 화를 내는 경우는 크게 세 가지로 분류할 수 있다. 첫째는 일을 시켰는데 마감 시한 내에 그 일을 하지 못하는 경우, 둘째는 잦은 핑계를 대면서 차일피일 일을 미루는 경우, 세 번째는 자기가 시키는 일 자체를 망각하고 다른 일에 몰두하는 경우다. 이상과 같은 세 가지 상황이 도래해도 결코 감정적으로 일을 처리하려고 하지 말아야 한다.

사람은 기계가 아니다. 경우에 따라서는 사적으로 좋지 않은 일이 있어서 일에 집중하지 못할 수도 있다. 그런 상황과 자기가 지시한 시점이 공교롭게 일치하면 상대방 입장에서는 시키는 일에 집중할 수 없다. 그런데도 이를 기다리지 못하고 자기가 시킨 일이 제일 중요하다는 식으로 일을 떠미는 것은 상대방에게 큰 상처를 준다.

그러므로 화가 날수록 웃으면서 자기의 화난 감정을 드러내지 말아야 한다. 설령 시키는 일을 하지 않아도 화를 내기보다는 그가 사적으로 바쁜 일을 먼저 하도록 배려해야 한다. 그러면 다소 늦더라도 그에 감응하여 좋은 성과로 보답할 것이다.

강한 상대는 협공한다

타인에게 일을 시킬 때 자기 혼자 상대하기 힘든 거물급인 경우에는 협공을 가하거나 전략적으로 연환계를 구사하는 것이 좋다. 조직적인 차원에서 혹은 단체를 이용하거나 그 사람과 친한 사람을 내 편으로 만들어 그 사람을 내 편을 만든다든지 그 사람에게만은 특별한 이익과 혜택을 주어서 자기편으로 삼아야 한다.

「바람과 해님의 이야기」 동화에서 보듯이 강한 사람을 강한 힘으로 몰아치는 것은 이겨도 뒤탈이 날 우려가 있으므로, 2보 전진을 위해 1보 후퇴를 한다는 마음으로 일단은 부드럽게 접근하고, 상황을 봐 가면서 전략을 세워 접근하는 것이 바람직하다.

어찌 생각하면 '단순히 일을 하는 것인데 그렇게까지 해야 하는가?'라는 의구심이 들 것이다. 하지만 계속해서 오랜 기간 직장에서 함께 근무해야 하는 관계라면, 처음부터 길을 잘 들여야 한다. 왜냐하면 사과 상자에 가득 차 있는 사과도 썩은 사과 하나로 인해 전부가 썩을 수 있기 때문이다.

Chapter 2

스스로 움직이게 한다

LEADERSHIP

}에게 일을 잘 시키지 못한다 | **팀원** 관리로 스트레스를 받는다 | 상대를 내 **편**으로 만들고 싶다

01 일관성이 신뢰다 👥

직원들을 움직이기 위해서는 그들이 자기 페이스에 말려들도록 해야 한다. 그래서 직원이 자기 마음의 박자에 맞춰 움직이게 해야 한다. 그러기 위해서는 메시지를 전달할 때, 마치 등대가 어부들에게 일관성 있는 메시지를 보내듯이 동일한 시간대에 동일한 내용을 동일한 리듬으로 반복 전달해야 한다.

반복하면 중독된다

일반적으로 사람들은 반복되는 행동에 대해서는 자기도 모르게 남을 모방하려는 속성이 있다. 거울 효과가 말해 주듯 사람들은 다른 사람의 행동을 보면 자기도 모르게 따라 하게 마련인데, 메시지를 전달할 때도 이러한 원리에 입각하여 전달해야 한다.

예컨대 직원들의 실적과 행동 패턴을 모니터링할 때, 그 결과를 일정한 시점에 일정한 양식에 맞춰 계속해서 반복적으로 전달해야 한다. 그러면 직원들은 그 시간대에 그 내용을 보게 된다. 계속하던 것을 하지 않으면 금단 현상을 보이는 것처럼 그것에 대해서 알고 싶어 한다. 매일 아침마다 전화하던 사람이 어느 날 갑자기 전화하지 않으면 그 사람에게 무슨 일이 있는가를 걱정하게 되듯, 일관성 있게 동일한 메시지를 계속 보내면 자기도 모르는 사이에 중독된다.

 일을 시킬 때도 동일한 내용을 직원들의 기억에 무의식으로 남을 때까지 계속 전달해야 한다. 그러면 그들은 자기도 모르는 순간에 그 패턴에 중독되게 된다. 이때 주의해야 하는 것은 직원들이 그 메시지를 잘 볼 수 있는 시간대를 정해서 전달해야 한다는 점이다.

 직장에서는 크고 작은 많은 일들을 메일을 통해서 전달한다. 그러다 보니 메일을 받는 입장에서는 너무 많은 정보로 인해 스팸 메일은 아예 차단하고 있다. 그럼에도 불구하고 자기가 보낸 메시지를 다른 사람들이 많이 읽도록 하기 위해서는 다른 사람들이 메일을 보내지 않는 시간대에 보내는 것이 좋다. 그러면 다른 사람들이 보내는 메시지에 묻혀서 사장되는 것을 방지할 수 있다.

 이처럼 직원들을 움직이기 위해서는 그들이 다른 정보를 먼저 받아 보기 전에 자기 정보가 직원의 기억 속에 똬리를 틀도록 해야 한다.

숨어 있는 사람을 자극한다

 또 가급적이면 독특하고 특별한 이슈를 넣어서 직원들이 그 메시지에 관심을 보이고 보다 큰 자극을 받게 해야 한다. 특히 직원들의 실적을 배가시키기 위해서는 단체로 실적을 종합해서 메일로 공지하는 것보다는 개개인의 실적도 함께 전달해야 한다. 그러면 직원들은 자기의 실적 저하가 조직의 실적 저하로 이어진다는 것을 알고 개인의 실적 증진에 관심을 보이게 된다. 그렇지 않고 단체 실적만 공지하면, 군중 속에 숨어 지내는 사람들은 그 실적을 보고 크게 자극을 받지 않는다.

그렇다고 개인적인 순위나 실적을 계속해서 보내면 실적이 저조한 사람들은 자기 실적이 공개되었다고 생각해서 오히려 반감을 가지고 일을 피하려는 생각을 갖기도 한다. 따라서 개인적인 실적을 공지할 필요가 있으면, 잘못한 사람들을 공지하기보다 잘하는 사람의 실적을 부각시켜 다른 사람들이 자극을 받도록 해야 한다.

그렇다고 개인적인 실적을 순위 매겨 계속해서 통보하면 실적이 저조한 사람들은 자기의 낮은 실적을 공개했다는 생각에 오히려 반감을 가지고 일을 피하려는 생각을 갖기도 한다. 따라서 개인적인 실적을 공지할 때는, 잘 못한 사람들의 실적을 표나게 하기보다 잘한 사람의 실적을 부각시켜서 다른 사람들이 자극을 받도록 해야 한다.

아울러 최고 점수와 최하 점수 그리고 평균 실적을 공개함으로써, 그 실적을 보는 사람들이 자기 실적이 어느 정도 인지를 알게 해야 한다. 그러면 사람들은 자발적으로 개인의 실적 관리를 위해서 암암리에 노력을 하게 된다.

반복하면 습관이 된다

조직이나 개인의 행동 방식은 결국 얼마나 오랜 기간 반복해서 그것이 조직이나 개인의 습관으로 자리매김하느냐가 중요하다. 그 습관이 조직이나 개인의 문화를 창조한다. 개인도 같은 행동을 반복하면 습관으로 형성되듯 조직도 마찬가지다.

조직에서 계속하는 것은 조직의 습관이 되고 문화가 된다. 그런 측면에서 볼 때, 조직원들이 마감 시점에 마감 효과를 자아내는 행동방식에 습관이 되지 않도록 조금은 늦게 가더라도 계속해서 조직원들의 행동 방식을 바꾸는 방식을 취해야 한다.

일관성은 신뢰성을 의미하기도 한다. 즉, 일을 시키는 사람이 일관성 있게 동일한 메시지를 전달하면 커뮤니케이션 에러로 인해 빚어지는 실수를 최소화할 수 있다. 특히 이럴 때는 이런 말을 하고, 저런 때는 저런 말을 하는 사람의 일을 할 때는 일을 하는 사람도 일을 하면서 불안한 마음을 갖는다. 왜냐하면 기껏 지시를 받아서 일을 했는데, 중간에 다른 방향으로 지시하면 다시금 처음부터 일을 해야 하기 때문이다.

그러므로 조직의 수장으로서 조직원들에게 업무 지침을 내릴 때에는 부화뇌동하지 말고, 한번 내린 지침은 가능한 한 변경하지 않는 것이 좋다.

02 마음의 코드를 맞춘다

직원들을 움직이기 위해서는 그들과 마음의 코드를 맞춰야 한다. 그러기 위해서는 특정한 시점에 함께 의식을 치러야 한다. 국가적인 행사에서 국민의례를 하고 올림픽이나 월드컵에서 페어플레이를 하기 위한 선서를 하듯이, 일을 시작할 때나 마치는 시점에 의식을 치러야 한다.

특별한 의식을 이용한다

대나무가 다른 나무에 비해서 크게 자랄 수 있는 것은 중간중간에 마디가 있기 때문이다. 그러므로 직원들을 움직이기 위해서는 특정한 시점에 특별한 의식을 거행해야 한다. 그러면 직원들은 의식을 치르는 과정에서 생각을 하게 되고, 스스로 자기 잘못을 반성하고 새로운 마음으로 다시금 시작하게 된다.

이렇게 의식을 치르는 과정은 피아노 줄이 느슨해져 화음을 내지 못하는 시점에 줄을 조율하는 것과 같다. 군대에서도 기강이 흐트러졌을 때 기강을 바로잡기 위해서 얼차려를 주거나 위급한 상황에 대비하여 비상훈련을 하는 것도 일련의 함께 의식을 치르면서 방만해진 마음을 다잡기 위함에 있다.

의식을 치르는 목적은 자기의 결연한 의지를 표명하고, 자기 역시 새로운 마음으로 다시 시작할 테니 직원들도 초심으로 돌아가 다시금 새로운 각오로 일에 전념해 주기를 전하는 것에 있다. 또 의식을 치르는 가운데 위계질서를 다시금 확인하는 기회가 된다. 예컨대 당신과 나는 말을 하지 않아도 갑과 을 혹은 주인과 일꾼이라는 수직적인 서열이 있음을 알게 해서, 직원들이 제멋대로 행동하는 것을 예방하는 차원도 있다.

회의라는 의식

직장인의 경우, 상사가 말하는 내용을 잘 따르는 것은 자신의 서열이 낮기 때문이다. 그 서열을 확인하는 것이 바로 회의다. 그렇다. 직장에서는 간헐적으로 회의라는 함께하는 의식을 치르면서 서열을 확인한다.

사실 말이 토론을 통해 시너지를 극대화하기 위한 목적으로 회의를 진행한다고 하지만, 회의를 주관하는 사람은 서열상의 위계질서를 확인하는 기회로 삼는다. 그런 것을 모르고 회의석상에서 자유롭게 의견을 전달한다고 해서 예의 없는 태도로 일관하다가는 큰 코 다칠 수 있으므로 주의해야 한다.

회의를 주관하는 상사는 회의를 통해서 조직원들이 자기를 상사로 의식하면서 일을 하고 있는지 혹은 자기가 지시한 내용이 일관되게 잘 실행되고 있는지를 확인한다. 또 지휘체계에 혼선이 없는지 혹은 자기 권력에 누수가 발생되는 것은 아닌지를 꼼꼼히 체크하는 자리라는 점을 명심해야 한다.

특별히 뭔가를 기념하는 기념식만이 의식이 아니다. 하루 업무를 시작하기 전에 업무보고를 하는 것도 의식이고, 퇴근할 때 일일 업무일지를 쓰는 것도 의식이다. 이처럼 의식을 진행할 때는 정기적이고 규칙적으로 해야 한다. 그것도 반복적으로 해야 효과가 있다. 의식을 계속해서 반복적으로 하다 보면 사람들은 그 의식에 맞는 습관이 형성된다.

아울러 의식을 정갈하게 진행하면 일을 대하는 태도도 정갈해지며, 의식을 방만하게 진행하면 그 일을 대하는 태도도 방만해진다. 그러므로 의식을 진행할 때는 어머니가 자식을 위해서 기도하듯 정성을 다해야 한다. 그래야 의식으로 인해 얻어지는 효과가 크다.

03 주는 것이 있어야 움직인다

직원들을 움직이기 위해서는 그 일을 하면 그들에게 반드시 이익이 있다는 것을 알게 해야 한다. 누차 반복해서 말하지만, 사람을 움직이게 하는 근원적인 단초는 이익이다.

상대에게 돌아갈 이익을 알린다

직원은 자기에게 어떤 이익이 있는가를 먼저 계산해서 이익이 있다고 생각하면 보다 적극적인 태도로 임한다. 그러므로 직원들에게 일을 시킬 때는 그들에게 이익이 있음을 알게 해야 한다. 괜히 남 좋은 일만 한다고 생각하면 쉽사리 일을 하려고 하지 않는다. 또 일이 잘되어도 자기에게 남는 것이 없다고 생각하면, 일을 등한시한다.

그렇다고 해서 그들에게 이익만을 따지느냐고 탓할 수는 없다. 일을 시키는 사람도 일을 하는 입장에 있으면 당연히 그럴 수 있기 때문이다. 다른 사람에게 일을 시키는 것은 다른 사람의 노동력을 착취하고 그 사람의 개인적인 시간을 빼앗는 것과 같다.

많은 직장 상사들이 부하의 시간은 자기 마음대로 활용할 수 있다는 생각을 가지고 있다. 자기가 조직의 수장이기에 그 조직에 속한 모든 직원들은 자기의 말을 들어야 하고, 그 사람의 시간은 언제든지 자기가 활용할 수 있다고 생각한다. 그래서 자기 개인의 실적을 올리기 위해 자기가 해야 하는 일도 부하 직원에게 시키고, 성과를 자기의 것으로 만드는 상사도 많다.

하지만 직장인은 상사에게 채용된 것이 아니라, 회사에 채용되는 것이고, 상사를 위해서 일하는 것이 아니라 조직을 위해서 일하는 것임을 알아야 한다.

재정적 이익을 내세운다

다른 사람을 자기 마음대로 움직이기 위해서는 그 사람에게 줄 수 있는 것이 많아야 한다. 그중 가장 좋은 것은 돈이다. 돈을 싫어하는 사람은 많지 않다. 명예도 권력도 결국은 돈이 있어야 그 효험을 오래도록 유지할 수 있다.

그렇다. 자본주의 시대에서는 돈이 제일이다. 돈이 있어야 사람 구실을 할 수 있고 품위 유지도 할 수 있다. 돈은 꽃이다. 한편으로 생각하면 돈보다 더 좋은 것은 권력이라는 생각도 든다. 권력이 있으면 돈도 얻을 수 있기 때문이다.

기본적인 욕구를 채워준다

직원들을 움직이기 위해서는 인간의 욕구를 잘 활용해야 한다. 매슬로우의 욕구 5단계설에서 말하듯, 사람에게는 기본적으로 본능의 욕구가 있다. 생존의 욕구, 안전의 욕구, 명예의 욕구, 자아실현의 욕구가 그것이다. 매슬로우는 욕구의 하단부에 있는 욕구가 충족되어야 상단부에 있는 욕구 충족을 위해 애쓴다고 말한다. 또, 하나의 욕구가 아닌 여러 가지의 욕구가 복합적으로 발동하는 경향도 있다.

중요한 것은 인간은 욕구를 해결하기 위해서 산다는 것이다. 그러므로 직원들을 자기 마음대로 움직이기 위해서는 그들이 어떤 점에서 욕구 불만을 느끼고 있는지를 알아야 한다. 그래서 그들이 원하는 욕구를 충족시켜 준다는 미끼를 활용하여 움직이게 해야 한다. 욕구를 충족시켜 줄 때는 일시에 충족되게 하지 말고 시나브로 점진적으로 충족시켜 주어야 한다. 그것도 시키는 일을 완수했을 때에 대한 보상 차원에서 이루어져야 한다.

서로에게 이익이 되게 한다

직원들을 움직이기 위해서는 그들에게 일을 시키는 것이 자기에게도 이익이 되고 직원들에게도 이익이 되는 일이어야 한다. 요즘 사람들은 물건을 살 때도 가격 대비 성능이 좋은 제품을 구입하려는 경향이 있듯이, 사람들은 자기가 하는 일로 인하여 자기 미래를 행복하게 하는 일을 하려고 하는 경향이 있다. 즉, 단순히 남이 시키는 일을 하는 것에 국한하지 않고, 자기의 견문을 넓히고 나아가 자기 성장에 도움이 된다고 생각하는 것에 대해서 보람을 느끼기도 한다.

최근 고객들의 성향이 가성비에서 가심비로 변화하고 있다. 즉, 가격 대비 성능이 좋은 제품을 구매하던 것에서 이제는 자기의 마음에 행복감을 주는 제품을 구매하는 경향이 두드러지고 있다. 돈이 없어서 비교적 저렴한 것을 구입하려는 성향에서 벗어나 이제는 돈이 풍족하지 않아도 이왕이면 자기 마음을 행복하게 해 주는 제품을 구매하려는 욕구들이 강하게 작용하고 있다.

그러므로 일을 시킬 때에도 이제는 직원들의 마음에 행복과 보람을 주는 일을 시켜야 한다. 또 적정한 시점에 이벤트를 해서 직원들이 행복감을 느낄 수 있게 해야 한다. 예컨대 생일을 챙겨 주고 가족들과 함께 일을 공동으로 체험해 보는 기회를 갖거나 일에 특별한 의미를 부여하는 등 일을 행복하게 하는 방법에 대한 제도를 만들어서 행복하고 재미있게 일할 수 있는 문화를 조성해야 한다.

04 기대를 넘으면 감동한다

직원들을 움직이기 위해서는 그들이 갖고 싶어 하는 것을 많이 갖고 있어야 한다. 그래야 적정한 기회에 그들에게 그것을 주면서 자기 마음대로 움직이게 할 수 있다. 돈이 필요한 사람에게는 돈을 주어서 그 일을 하게 하고, 빵이 필요한 사람에게는 빵을 주면서 일을 시켜야 한다.

화수분이 된다

한마디로 자기의 말을 잘 들으면 원하는 것을 얻을 수 있음을 알게 해야 한다. 사람들은 자기가 기댈 언덕과 같은 사람 혹은 자기를 돌봐 주는 키다리 아저씨와 같은 사람의 말을 잘 들는다. 왜냐하면 일이 잘 안 되면 그 사람에게 위로를 받을 수 있고, 일이 잘 풀리면 그 사람에게 칭찬을 받을 수 있기 때문이다. 이토록 사람들을 내 편으로 만들기 위해서는 그 사람이 원하는 것을 주면서 그 사람을 내 편으로 만들어야 한다.

자기가 사람들에게 줄 수 있는 것이 얼마나 많은가에 따라 그 사람에게 미치는 영향력의 세기가 달라진다. 즉, 자기가 가지고 있는 것이 직원들의 욕구를 크게 만족시킬 수 있다면 더 강력한 영향력을 발휘할 수 있다. 그러므로 어렵고 힘든 일을 할 때는 큰 보상을 주고 서서히 보상의 강도를 높여 가면서 자기에게 온전히 의존하게 만들어야 한다.

아울러 다소 비겁하지만 직원들이 스스로 독립하지 못하도록 훼방을 놓아서 의존 기간을 길게 늘려야 한다. 왜냐하면 다른 사람에게 의존하지 않아도 자기 스스로 모든 것을 할 수 있는 사람이라면 굳이 남의 말을 듣지 않을 확률이 높기 때문이다.

급소를 공략한다

직원들을 움직이기 위해서는 그들의 전체 감정을 흔들 수 있는 비장의 무기가 무엇이고, 어느 부분을 공략해야 움직이게 되는지를 알아야 한다. 다윗이 골리앗을 이길 수 있었던 것은 골리앗의 약점을 이용했기 때문이다.

마찬가지로 직원들은 움직이기 위해서는 직원의 어떤 부분을 공략해야 넘어뜨릴 수 있는지를 알고 덤벼야 한다. 특히 많은 사람을 움직이게 하는 경우에는 그 무리 중 누구를 움직여야 다른 사람들이 함께 움직일 것인가를 생각하면서 접근해야 한다.

05 의미를 알면 다르게 행동한다

직원들을 움직이기 위해서는 일을 시킬 때, 그 일을 하는 목적과 의미를 자세하게 알려 주어야 한다. 일의 의미를 부여하는 것은 죽어 있는 일에 생명을 불어넣는 것과 같다.

사연을 담는다

길가에 굴러다니는 돌멩이도 문화적 가치가 있으면 함부로 다루지 않는다. 또 하찮은 일도 그 일이 갖는 중요성을 알게 되면, 소중하게 대한다. 이처럼 일을 함에 있어서 일의 의미를 알고 일을 하는 사람과 아무 생각 없이 일을 하는 사람은 다르다. 음식을 먹을 때도 오감으로 음미하며 먹는 사람과 그냥 허기진 배를 채운다는 생각으로 먹는 사람은 다르다.

그러므로 일을 시키는 사람은 일을 왜 해야 하는지, 그리고 그 일을 함으로써 어떤 점이 좋아지고 그 일을 통해서 어떤 이익을 얻을 수 있는지에 대해서 충분히 설명해 주어야 한다. 즉, 일을 하는 것이 목적이 아니라, 일을 하는 사람의 입장에서는 그 일을 함으로써 어떤 이익이 있는지를 알게 해야 한다.

같은 일을 해도 농사일을 한다고 생각하면 힘들 것이다. 하지만 자기가 농사일을 함으로써, 그로부터 얻어지는 수확물을 자기가 사랑하는 가족들이 먹게 되고, 그곳에서 얻어진 농산물을 팔아서 생계를 유지한다고 생각하면 농사일은 더 이상 단순히 농사일이 아니라, 자기 집안의 흥망성쇠를 가늠하는 매우 중요한 일이라는 것을 느끼게 된다. 그로 인하여 농사일을 함부로 하지 않을 것이고 가족을 생각하면서 어렵고 힘들지만 그것을 참고 견뎌 낼 것이다.

의미를 담고 감정을 전한다

직원들을 움직이기 위해서는 메시지를 전달할 때 감동적인 스토리로 전달해야 한다. 사람은 스토리에 빠져드는 본능이 있다. 처음에는 별다르게 관심을 보이지 않다가 스토리로 이야기를 전달하면 점점 재미를 느끼고 빠져드는 경향이 있다.

그러므로 일을 시킬 때에는 스토리를 구성해서 기승전결로 짜임새 있게 전달하되 가급적이면 반전이 있도록 감동적으로 전달해야 한다. 아울러 그 스토리가 완벽하게 해피엔딩으로 끝을 맺기 위해서는 직원들이 일을 잘해 주어야 함을 강조해야 한다.

무슨 일을 하든 근거가 있어야 한다

직원들을 움직이기 위해서는 그들이 의문을 제기했을 때, 그 질문에 대해서 명확하게 답변을 할 줄 알아야 한다. 즉, 이의를 제기하면 그 제기된 이의에 대해서 명확하게 해명할 수 있는 근거를 가지고 있어야 한다. 그러므로 일을 시킬 때에는 왜 그 일을 시키는지, 그리고 그 일을 왜 해야 하는지, 그 일을 함으로써 어떠한 이익이 있고, 그 일을 하지 않으면 어떠한 손해가 발생하는지 등 그 일과 관련한 모든 사항을 명확하게 전달해야 한다.

직장인의 경우에는 제 마음대로 해야 하는 일이 거의 없다. 모든 일은 직장의 룰에 의해서 조직원으로서 해야 하는 것이고, 대부분의 일들이 시스템과 프로세스에 의해서 이뤄지고 있다. 그러므로 직장에서 일을 할 때는 자기 마음대로 해서는 안 된다.

물론 마음대로 한 것이 문제되지 않으면 그 누구도 그 일을 문제 삼지 않는다. 하지만 문제는 언제든 생기게 마련이다. 그러므로 일을 할 때는 항상 왜 그 일을 하게 되었으며, 그 일에 대한 기준과 근거는 어디에 있는지에 대해 알고 해야 한다. '상사의 지침에 의해서'라는 말은 아무런 법적 효과가 없다. 사고가 발생되어 문제가 커지면 모두가 책임을 지지 않으려고 한다. 그러므로 명문화된 규정을 근거로 일을 해야 한다.

06 대장이 움직이면 졸병도 움직인다

에스키모인들이 썰매 개를 훈련시킬 때 다른 개들은 그냥 놓아둔 채 대장 개를 혹독하게 훈련시킨다. 대장 개를 족치면 다른 개들은 자연스럽게 복종하기 때문이다. 대개의 경우, 다스림은 수직적인 서열에 의한 서열 의식에서 싹튼다. 즉, 서열이 높은 사람이 시키는 일을 서열이 낮은 사람이 하는 것이 동물의 법칙이다.

키를 가진 사람이 키맨이다

조직 생활을 하다 보면 공식적인 리더가 있는 반면, 조직원의 우두머리 노릇을 하는 대장 개와 같은 사람도 있다. 조직원들을 움직이기 위해서는 그런 대장 개와 같은 사람을 먼저 내 편으로 만들어야 한다. 그러면 자연적으로 다른 사람들도 자기가 시키는 말에 순순히 따른다.

"나무를 흔들려고 할 때 잎을 끌어당기면 나무를 흔드는 데 힘만 들고 전체가 움직이지 않는다. 그러므로 나무 전체를 흔들리게 하기 위해서는 밑동을 쳐야 한다. 잡초를 뽑을 때 잎사귀를 뜯는다고 해서 잡초가 다 죽지 않는다. 잡초를 죽이기 위해서는 뿌리째 뽑아야 한다."

이 말은 『노자』에 나오는 말이다. 이처럼 나무를 움직이게 하기 위해서 밑동을 쳐야 하듯이 사람들을 움직이게 하기 위해서는 다른 사람에게 영향력을 발휘하는 힘이 가장 강한 사람을 건드려야 한다. 그러면 직원은 움직이게 되어 있다.

사실 조직이 영위되는 것은 서열이 있기 때문이다. 상하 간의 서열에 따라 사람들은 서열이 높은 사람에게 잘 보여야 살아남을 수 있다. 그래서 서열이 높은 사람이 말하면 일단은 그것을 무리 없이 처리해야 한다고 본능적으로 생각한다. 그러기에 다른 사람에게 일을 시킬 때에도 그 사람이 자기의 말을 잘 듣지 않는다면, 무리 중에서 서열이 가장 높은 핵심 인물을 집중 공략하여 자기편으로 만들거나 순종하게 만들어야 한다.

07 선택권이 주도권이다

직원들을 움직이기 위해서는 그들이 자율적으로 책임의식을 가지고 주인처럼 행동하게 하는 데 주력해야 한다. 행동은 통제할 수 있어도 마음은 자기 뜻대로 조정할 수 없다. 왜냐하면 직원들이 드러내는 마음이 진실인지 아닌지를 알 수 없기 때문이다.

선택하면 선택된다

그러므로 직원들의 마음을 움직이게 하기 위해서는 스스로 일하기를 선택하게 해야 한다. 그러기 위해서는 '이런 일을 할 생각이 있습니까?', '이런 일을 한다면 어느 정도의 시간이 걸리겠습니까?', '이 일을 하는 데 다른 사람의 도움이 필요합니까?' 등의 질문을 통해서 직원들이 스스로 일하도록 해야 한다.

물론 조직 생활의 특성상 윗사람이 시키면 아니라고 단호하게 거절할 수는 없다. 직원들이 아무리 싫어도 직장에는 상명하복의 명령 체계가 있기 때문에 상사의 지시에 드러내 놓고 반감을 표할 수는 없다. 부하의 입장에서는 자기가 선택하든 안 하든 어차피 상사가 지시한 일은 해야 한다.

그럼에도 불구하고 상사는 부하에게 업무를 지시할 때 일방적으로 해야 한다고 말하기보다는 앞서 말한 바와 같이 청유형 질문을 던져야 한다. 또한 같은 말도 직원들의 의사를 존중한다는 생각이 들도록 지시를 내려야 한다. 그리고 일을 마치는 시점에 대해서도 언제까지 마치라고 일방적으로 정해서 명령하기보다는 그들의 의견을 듣고 조율을 해야 한다. 그러면 직원들은 상사가 자기의 인격을 존중해 준다는 생각을 하게 되어, 상사의 업무 지시에 대한 불평불만을 표출하지 않는다.

사람, 자기 합리화의 명수

사람들은 심리적으로 자기가 선택한 것에 대해서는 그것이 옳다고 생각하고 스스로 자율성을 부여하며 일을 한다고 생각한다. 상사가 시켜서 어쩔 수 없이 한다고 생각하는 것이 아니라, 자기가 선택했고 자기 입으로 말을 했기에 당연히 자기가 해낼 것이라고 생각한다. 설령 자기의 선택이 잘못되었다는 생각이 들어도 그 선택이 최선의 선택이었다고 자기를 합리화한다.

그 점을 활용하여, 상사의 입장에서는 부하가 자율적으로 업무 지시한 내용을 받아들였다고 느끼도록 권유조로 업무를 지시해야 한다. 그러면 부하는 자기를 알아주고 업무를 지시한 상사의 은공에 보답하기 위해 자기의 역량을 최대한 발휘하여 좋은 성과를 낼 것이다.

아울러, 업무를 지시할 때는 그 일은 아무나 하는 일이 아니며, 당신 같이 업무 역량이 뛰어난 사람만이 할 수 있는 일이라고 해야 한다. 또 다른 사람에게는 믿고 맡길 수 없는 일이며, 당신이기에 믿고 이 일을 맡기는 것이라고 하면서 특별한 사람으로 대우해 줘야 한다.

상사의 착각

많은 상사들이 부하를 물가에 내놓은 어린아이 같은 철부지로 보는 경향이 있다. 평상시 부하가 상사에게 긍정적으로 아부를 하듯이 하고 상사가 지시하는 것을 수행하는 입장이기에 그 부하를 자기보다 의식수준이 낮을 것이라고 착각한다. 혹자는 자기가 직장 상사이기에 연륜이 자기보다 더 많은 부하지만 자기가 더 의식수준도 높고 자기 생각이 전부 옳다고 생각한다. 또 직장 외적인 것에서도 자기가 최우선적으로 대우를 받아야 한다고 착각한다.

하지만 부하 직원들은 상사보다 더 많은 전문지식을 가지고 있어도 상사를 앞서려고 하지 않는다는 것을 알아야 한다. 즉, 부하가 멍청해서 멍청하게 행동하는 것이 아니라, 직장 상사 앞이기에 난득호도難得糊塗의 지혜를 발휘하는 것이다. 부하보다 나이가 어린 상사라면 이 점을 특히 유념해야 한다.

사전에 암시를 준다

직원들을 움직이기 위해서는 그들에게 사전에 암시를 주어야 한다. 이는 직원들에게 충분히 생각할 시간과 일을 하는 데 준비를 할 수 있는 시간적인 여유를 주어야 함을 의미한다. 또 자기가 말을 하면 직원늘이 즉시 그 일을 하게 될 것이라고는 생각하지 말아야 한다.

직원들은 그들 나름으로 처한 상황이 있다. 자기가 생각하기에 그다지 일이 없어 보인다고 해서 진짜로 그 직원에게 일이 없을 것이라고 생각하는 것은 착각이다. 사람들 중에는 일이 없어도 마치 다른 사람들에게 일이 많은 것처럼 보여야 하기 때문에 일부러 바쁜 척을 하는 사람도 있고, 일이 많은 데에도 마치 일이 없는 것처럼 태연하게 생활하는 사람도 있다. 그러므로 자기 생각과 상상으로 직원들을 재단해서는 안 된다.

  아울러 직원들에게 일을 시키고 이에 대한 협조를 구할 때에는 사전에 양해를 구해야 한다. 또 일을 함에 있어서 발생될 가능성이 있는 예기치 못한 상황을 사전에 예측하여 이에 대해서 직원들이 이를 해결할 수 있도록 해야 한다. 경우에 따라서는 직원들에게 일이 시작되기 전에 마음의 준비를 할 수 있는 기간과 기술을 배울 수 있는 시간적인 여유를 주어야 한다.

08 돌아가는 길이 지름길이다

  직원들을 움직이기 위해서는 그들에게 명확하게 의사를 전달하되 그들이 생각할 수 있도록 하는 단계를 거쳐야 한다. 마음은 있어도 어떻게 해야 할지를 스스로 결정하지 못하는 경우가 있다. 그런 경우에는 우직지계迂直之計의 전략이 말하듯 간접적으로 말해서 마치 직원이 자발적으로 선택해서 자의적으로 그러한 일을 하는 것이라고 느끼게 해야 한다.

스스로 결정하게 만든다

사람들은 자기가 하고 싶은 일도 남이 시키면 그 일을 싫어하는 경향이 있다. 그러므로 직원들에게 일을 시킬 때에는 스스로 결정하고 선택해서 한다는 생각이 들도록 직접적으로 지시하기보다는 넌지시 돌려서 말을 해야 한다. 이토록 간접적으로 넌지시 하는 것을 '넛지'라고 한다. 넛지를 발휘하여 일을 시키면 직원들도 자기 스스로 한 듯 가슴 뿌듯한 보람을 느끼게 된다.

또 직원들을 질책할 때도 무작정 직설적으로 질책하기보다는 약간 돌려서 말하는 것이 감정을 건드리지 않는 최상의 방법이다. 예컨대 자주 지각하는 학생에게 다짜고짜 지각하지 말라고 질책하기보다는 가끔씩 일찍 다니라는 말을 하면 야단도 치고 할 말은 다하게 된다.

그렇다고 해서 일을 시킬 때 무조건 에둘러 말하는 것이 좋은 것은 아니다. 여러 사람이 일을 해야 하고 다소 자기의 주관적인 생각이 들어가서 일을 망치는 경우에는 명확하고 아주 명료하게 말해야 한다. '내가 바남쑹이라고 해도 직원이 바람풍으로 알아듣겠지.'라는 생각으로 의사를 전달하는 것은 큰 사고를 불러일으킬 수 있으므로, 그러한 일이 생기지 않도록 미연에 방지해야 한다.

09 자긍심이 자발적인 행동을 부른다

직원들을 움직이게 하려면 당신이 이 일을 하는 최초의 사람이고, 이 일을 하는 데 필요한 역량과 재능은 다른 누구보다도 당신이 최고라고 해 주어야 한다.

최고와 최초에 열광한다

최고와 최초는 이슈가 되고 이벤트가 되며 사람들에게 강한 인상을 주는 특별한 키워드다. 그러므로 직원들에게 일을 시킬 때에는 최초, 최고 등 최상급의 단어를 많이 써야 한다. 경쟁사에 비하여 혹은 다른 사람에 비하여 더 나은 점을 부각시키되 최고이고 최초라는 말을 병행하여 특별한 인정의 나르시시즘을 채워 주어야 한다.

자기를 낮춘다

직원들을 움직이기 위해서는 자기가 최고라는 의식을 버려야 한다. 특히 자기가 직원들보다 나아서 그들을 마음대로 움직일 수 있다는 선입감을 버려야 한다. 사람은 누구나 자기 고유의 영역에서는 자기가 최고라고 생각한다. 또 자기 나름으로 개인적 인격권이 있다. 직장에서 부하인 것은 단순히 공식적인 조직생활을 영위하기 위해서 공적으로 취해야 하는 위계상의 역할일 뿐, 인격이 낮고 자존심이 없는 것은 아니다. 단지 공식적으로 조직의 룰이 있고 조직 생활을 영위하기 위해서는 어쩔 수 없이 자기가 차지하는 역할과 책무를 다하기 위해 주력할 뿐이다.

그런데 그런 것을 알면서도 많은 리더들이 자기가 조직의 리더라는 생각에 자기가 다스리는 조직 내에 있는 조직원들을 함부로 대하고, 인격을 침해하는 경우도 적잖다. 그런 생각이 바탕에 깔려 있다면 직원을 마음대로 움직이기 전에 그 생각을 먼저 버려야 한다.

사람을 다스리는 자는 항상 겸손하고 도덕적인 양심을 가지고 사회적인 윤리와 도덕을 준수하는 태도가 습관화되어 있어야 한다. 그래야 습관적으로 화가 나거나 감정을 주체하지 못하는 상황에서도 폭언이나 비인격적인 언행을 하지 않게 된다. 물론, 자기가 최고라는 자신감도 필요하다. 하지만 그것은 자기의 힘을 강하게 하기 위한 최고라는 의식이어야지, 남과 비교하여 자기가 최고라고 생각하는 것은 자만이다.

10 칭찬받은 만큼 춤춘다

직원들을 움직이기 위해서는 그들의 과거 경력이나 이력을 잘 활용해야 한다. 즉, 직원들의 과거 경력 중에서 잘하는 부분이 무엇인지, 어떤 분야에서 화려한 공적을 남겼는지를 확인해서 직원들이 좋아하고 관심을 보이는 일을 시켜야 한다.

꿈을 지원한다

상대방이 억누르고 있는 꿈이 무엇인지를 아는 것도 상대방의 과거 행적을 이용하여 움직이게 하는 방법 중 하나다. 상대방 입장에서는 항상 마음 한구석에 과거에 못다 이룬 꿈에 대한 한이 서려 있을 수 있다. 어쩌면 기회만 된다면 언제든지 그 기회를 잡아 반드시 못다 이룬 꿈을 이루려는 생각을 갖고 있을 것이다.

그런 마음을 최대한 공략해야 한다. 이를 위해서는 상대방이 마음에 숨기고 있는 꿈이 무엇인지를 알아야 한다. 그래서 직원이 과거에 품은 꿈과 관련한 업무를 배정해야 한다. 물론 직원들이 가진 재능이 있는 일을 시키는 것이 좋다.

과거의 영광을 들먹인다

직원들을 움직이기 위해서는 그들의 기분을 좋게 해야 한다. 즉, 직원의 감정 상태를 기쁜 상태로 만들어야 한다. 그중 한 가지는 과거의 좋은 기억이 생각나도록 기억의 장소를 현재에서 과거의 좋았던 장소로 이동시키는 것이다. 그러면 과거에 좋았던 상황을 머릿속에 그리며 기분 좋은 감정 상태가 된다. 그로 인해서 에너지를 받게 되고 마치 과거에 이뤘던 그 영광을 다시 찾고 싶은 욕구를 갖게 된다.

잘나가던 스포츠 선수들이 슬럼프를 극복하기 위한 방법 중 하나는 과거 잘나가던 시절에 했던 순간을 자주 생각하는 것이다. 과거에 좋았던 것을 생각하면서 그 시절의 감각을 다시 찾기 위해 노력한다. 마찬가지로 직원들을 움직이기 위해서는 그들이 과거에 잘나가던 시절에 대한 추억을 이야기하면서 그들의 재능과 능력을 충분히 인정해 줘야 한다.

기억하기 싫은 과거도 있다

만약에 상대방 입장에서 과거의 영광을 더 이상 기억에서 지워 버리고 싶은 생각도 있을지 모르므로 주의해야 한다. 그런 낌새가 보이면 과거지사를 아예 들먹여서는 안 된다. 왜냐하면 상대방 입장에서는 과거를 생각하면 아픈 기억이 떠올라서 가슴이 아프고, 과거의 영광을 이야기하는 것조차 마음에 큰 고통으로 작용할 것이기 때문이다.

그러므로 그런 점을 생각해서 가급적이면 그런 경우에는 과거의 경험이나 영광을 이야기하기보다는 그 사람이 가지고 있는 재능과 역량을 활용하여 다른 사람들을 위해서 가르침을 청하거나 그 사람이 잘하는 분야의 일에 대해서 조언을 듣는 기회로 활용하는 것이 좋다.

강점을 공략한다

정치는 상대방의 약점을 가지고 한다. 왜냐하면 사람들은 다른 사람에게 약점이 잡히면 그 약점이 드러날까 봐 약점을 쥐고 있는 사람의 말을 잘 듣기 때문이다. 그래서 정치하는 사람들은 정당이 잘못하면 그것으로 언론 플레이를 하면서 궁지로 내몬다. 하지만 사람의 마음을 얻기 위해서는 직원의 약점을 가지고 운운하기보다는 그 사람의 강점을 칭찬하는 방식으로 공략해야 한다.

사람이라면 누구에게나 아킬레스건이 있고 남들이 건드리면 안 되는 역린이 있기 마련이다. 약점을 자꾸 건드리다 보면 역린을 건드리게 되어 결국에는 상대방과 적대적인 관계로 전락된다. 그러므로 직원들이 잘하는 것을 가지고 공략해야 한다.

일을 시킬 때도 직원들의 강점을 최대한 활용하고, 그들이 갖고 있는 역량을 최대한 발휘할 수 있는 측면에 초점을 맞추고 공략해야 한다. 직원들에게 선택의 기회를 주는 것도 좋다. 자기가 시키고자 하는 일들 중에서 자기가 얻고자 하는 목적을 달성하기 위해서는 어떻게 하는 것이 바람직하며, 실제로 일을 함에 있어서 그들이 원하는 일을 원하는 방식으로 지원해 줘야 한다. 그렇지 않고 약점을 공략하여 직원을 주눅 들게 하거나 직원의 사기를 꺾는 것은 올바른 접근법이 아니다.

직원들의 강점을 부각시키기 위해서는 첫째, 그들을 긍정적인 관점으로 바라봐야 하고, 둘째, 직원들의 잠재능력을 최대한 활용한다는 생각을 가져야 하며, 셋째, 직원들을 소중한 한 사람의 인격체로 대해야 한다. 마치 자기가 서열이 높고 힘이 강하기에 그 사람을 자기 마음대로 활용한다는 생각을 가진다면 그것은 인권 유린에 해당한다. 아울러 직원들을 함부로 대하거나 직원의 인격을 무시하고 매너 없이 대하는 것도 그들의 약점을 겨냥하는 것이다.

당신의 상사가 나쁜 상사라면

조직에서 그런 상사를 두고 있는 경우에는 그와 일정한 거리를 유지하는 것이 좋다. 가장 이상적인 방법은 그런 사람의 영향력 범위 안에서 멀어지는 것이며, 가능한 한 그 사람과 접촉하지 말고 피해야 한다. 또 이왕이면 시키는 것에 대해서는 정확한 납기와 설명을 듣고 해당 기간 내에 그 사람이 원하는 방식으로 일을 처리해 주는 것이 좋다.

11 무관심이 관심을 부른다

직원들을 움직이기 위해서는 그들이 좋아하는 것을 재미있게 하도록 하는 것이 중요하다. 고관대작도 자기가 하기 싫으면 그만이라는 말이 있듯이, 아무리 좋은 일도 상대방 입장에서 그것을 싫어하면 먹히지 않는다.

새 술은 새 부대에 담는다

요즘 많은 직장 상사들의 고민은 최근 입사한 신세대들을 어떻게 대할 것인가에 있다. 왜냐하면 요즘 신세대들은 회사에 대한 사명의식도 부족하고, 오직 자기가 하고자 하는 일에 치중하는 경향이 많기 때문이다.

또 회사 일보다 개인의 사생활에 더 관심이 많다. 혹자는 보수가 아무리 많아도 삶의 질이 좋아지는 것을 택한다. 회사에서 승진하거나 일을 통하여 보람을 얻으려고 하기보다는 자기 스스로 자기에게 주어진 일을 하면서 지내기를 원한다.

특히, 요즘 신세대들은 아무리 상사가 시켜도 하기 싫으면 그 일을 하기 싫다고 서슴없이 자기 심정을 토로한다. 자기표현이 강하고 개성이 강해서 조직에 잘 흡수되지 않으려는 그런 신세대들에게 어떻게 일을 시킬 것인가를 항상 고민하고 있다.

요즘 신세대들은 혼자 살아온 경험이 많아 언제든지 자기가 싫으면 인터넷상에서 관계를 청산하듯이 마무리 짓는 경향이 있다. 그럼에도 불구하고 직장에서는 그런 신세대들을 잘 타일러서 함께 가야 한다. 잘 어울리지 않고 조직적으로 단체 성향을 가지고 있지 않다면 그들이 가지고 있는 현대적인 감각과 젊은이들이 갖는 특유의 맑은 영혼 그리고 뛰어난 재능을 어떻게 활용할 것인가에 중점을 두어야 한다.

즉, 젊은 신세대들에게 동기를 부여해서 하고 싶지 않은 일이지만 그래도 그 일에 매진할 수 있는 직장 환경을 조성하여 신구세대가 적정하게 조화를 이루도록 해야 한다.

일하지 않고 먹인다

일하지 않는 자는 먹지도 말라는 말이 있는데, 일을 하지 않으려는 사람에게는 역설적으로 일을 시키지 않고 먹을 것을 주는 것도 좋은 방법이다. 그렇게 하면 스스로 일을 찾아서 하는 경우도 있다.

아울러 수많은 톱니바퀴가 돌아가야 시계가 정상적으로 작동하듯이 조직의 목표를 달성하기 위해서는 각자가 맡은 바 역할을 다해야 함을 알게 해야 한다. 또 조직이 유기적으로 돌아가기 위해서는 자기라는 사람이 일을 하지 않으면 안 된다는 사실을 일깨워 주어야 한다. 그런 연후에 일을 시켜야 한다.

직장인들의 대부분은 일이 좋아서 하는 것이 아니라, 아무것도 안 하는 것이 두려워서 일을 한다. 설령 일이 하기 싫어도 그 일을 하는 이유는 일을 하는 고통보다는 아무런 일도 하지 않고 무료하게 8시간을 보내야 한다는 것이 두렵기 때문이다. 그런 점을 충분히 잘 활용해야 한다.

12 가르치면서 배우면 빨리 강해진다

직원들을 움직이게 하려면 일을 함으로써 업무 능력과 기술이 향상되고 그로 인하여 몸값이 점점 올라간다는 것을 알게 해야 한다.

배우기를 자처한다

직원들이 자기보다 연륜도 높고 아는 것이 더 많을 때는 어떻게 해야 할까?

요즘 기업체 직원들의 평균 근속년수는 25년에 육박하고 있다. 실제로 현장에는 수십 년 장기근속한 나이 많은 직원들이 많다. 대신에 이를 관리하는 직위에 있는 사람들은 대부분 나이가 40대 초반이다. 그러다 보니 자기 아들 또래의 상사도 있고, 삼촌이나 아버지 연령대의 부하도 있다. 그럼에도 불구하고 직장에서는 기업이 정한 목표를 달성하기 위해서, 나이에 연연하지 않고 일을 시켜야 한다. 이때 가장 좋은 방법은 직원에게 배우기를 자처하는 것이다. 자기보다 나이가 많은 부하에게 배워야 한다. 그래서 그 일의 속성과 그 부하의 성향까지도 학습하면서 그들을 다스릴 방법도 함께 학습해야 한다.

배움에 왕도 없다

모든 전문가가 처음에는 초보였듯이 상사라고 해서 처음부터 다 알 수 있는 것은 아니다. 특히 오랜 기간 그 직장에서 터줏대감 역할을 해 온 장기 근속자를 자기 마음대로 다스리는 것은 여간 어려운 것이 아니다. 이때는 겸손한 자세로 부하 직원에게 배운다는 자세로 일을 하는 것이다.

직원들을 다스리기 위해서는 그들보다 더 많은 노력을 해야 한다. '일천학습법'이라는 말이 있듯이 직원들이 한 번 노력하면 자기는 천 번 노력한다는 자세로 업무에 임해야 한다. 또 부하보다 부족하다면 부하를 스승으로 생각하고 그에게 배워야 한다. 그리고 배울 때는 단순히 지식만을 배우는 것이 아니라 그 부하 직원의 전부에 대해 배워야 한다. 부하 직원에게 배운다는 것은 부하 직원의 전부를 아는 것이다.

또 부하 직원과 스승과 제자로 지내면서 조직원들에 대한 정보를 구하는 것이 좋다. 장기근속자는 그 조직에 대해서 많은 것을 아는 사람이다. 그러므로 조직의 문제점과 그 조직이 앞으로 나아갈 방향에 대해 잘 아는 사람이라는 사실을 염두에 두고 그 사람을 통해 다른 사람을 다스릴 수 있는 많은 정보를 얻어야 한다. 그야말로 일거양득이 아닌가?

13 타인의 힘도 내 힘이다

직원들을 움직여야 하는데, 전혀 움직이지 않고 오히려 머리꼭대기에 올라서 행동하는 사람이 있다. 자기가 직접 해야 하는 일도 자기 부하들을 시켜서 하고 일이 잘 안 될 경우에는 자기의 잘못을 탓하기보다는 조직 탓을 하면서 두루뭉술하게 넘어가려는 사람도 있다.

제3의 힘을 이용한다

그런 사람들은 아무리 마음대로 하려고 해도 말의 씨가 먹히지 않는 경우가 많다. 그럴 때는 그 사람의 직속 상사나 혹은 그 사람에게 영향력을 미치는 다른 사람의 도움을 구해야 한다. 사람은 누구에게나 천적이 있다. 때로는 그 천적의 도움을 받아야 한다.

간혹 일을 시키면 시키는 사람을 우습게 생각하고 그 일을 하지 않는 경우가 있다. 일을 대하는 마음도 일을 시키는 사람을 어떻게 생각하느냐에 따라 그 일을 하는 데 영향을 준다. 일을 시키는 사람이 엄하고 무서우면 그 일을 대하는 마음도 조심스러워지고, 일을 시키는 사람이 얼마나 엄하고 무서운지를 알기 때문에 그 일을 마무리해야 하는 기간에 맞춰 일을 끝내기 위해서 혼신의 힘을 다한다.

하지만 일을 시키는 사람이 순하고 일이 잘못되어도 크게 꾸짖지 않으면 일을 대하는 것도 적당히 변명해서 넘어가면 그만이라는 생각으로 안일하게 대하는 경우가 있다. 그럴 때는 그 사람의 천적을 이용하여 그 사람을 통제해야 한다.

14 표준과 원칙이 질서를 잡아 준다

직원들을 움직이기 위해서는 일정한 표준이나 원칙을 만들어서 제공해야 한다. 특히 사람이 많을 때에는 더욱 그래야 한다. 일대일로 다른 사람과 교류하는 사람들에게 일을 시킬 때에는 둘이서 말로 해도 크게 커뮤니케이션에 에러가 없다. 하지만 일대다로 일을 시켜야 하는 경우에는 상황이 다르다. 왜냐하면 같은 말을 해도 그것을 어떻게 받아들이느냐에 따라서 이를 이해하는 정도가 다르기 때문이다.

일관되게 행동한다

일대다로 여러 사람에게 일을 시킬 때에는 다수가 일관되게 통일된 행동을 보여야 하는 원칙이나 표준을 만들어서 그에 맞춰 행동하게 해야 한다. 일을 시키는 입장에서는 다수의 많은 사람들을 각각 통제할 수 없고, 그 많은 사람들에게 일일이 설명하면서 이해시킬 수 없다. 그렇다고 매번 시간이 날 때마다 찾아와서 그 사람에게 지시할 수도 없다.

그러므로 자기가 없어도 직원이 그 원칙과 표준에 입각해서 행동하면 아무 문제가 발생하지 않도록 일정한 표준과 원칙을 제공해야 한다. 그래서 사람들이 더도 말고 덜도 말고 그 표준에 입각하여 행동하게 해야 한다.

틀 안에 가둔다

표준으로 많은 사람들을 구속할 수 있다. 강자가 약자를 다스리기 위해서 법을 만들었듯 직장에서도 직원들을 다스리기 위해서 표준을 제공하고 있다. 누구나 그 표준에 입각해서 일하면 동일한 품질을 가진 제품이 나온다는 명분으로 그 표준에 입각하여 작업해야 한다고 말한다.

엄격한 양질의 품질을 만들기 위해서 품질 표준을 만들고 안전사고를 미연에 방지하기 위해서 안전 기준을 만들고, 근태를 강화하기 위해서 근태 기준을 만드는 등 모든 것을 제대로 움직이게 하기 위해서는 표준과 원칙을 정해야 한다.

원칙으로 단련한다

그러한 원칙은 상대방의 야성을 꺾어 자기 마음대로 움직이게 하기 위해서 가하는 채찍과 같다. 직원들이 자기가 하고 싶어 하는 대로 하고 싶어도 정해진 규칙과 원칙을 지키도록 함으로써 그들을 꼼짝 못하게 구속하는 것이고, 그 사람이 표준과 원칙을 지키는 것이 조직 문화에 적응하는 과정임을 알게 하는 것이다. 그렇게 함으로써 시나브로 개성이 강한 사람을 표준이나 원칙으로 단체의 속성에 맞는 회사형 인간으로 만들어 가는 것이다. 그것이 표준이 갖는 구속의 힘이다.

사람들은 누구나 타인의 간섭을 받지 않고 자유롭게 살기를 희망한다. 다른 사람이 시키는 대로 하는 것을 좋아하는 사람은 없다. 그런데 시키는 것이 표준과 원칙에 관한 것이라면 다르다. 하기 싫어도 지키려고 하는 것이 표준과 원칙이다. 그래서 리더들은 직원들에게 표준을 지키도록 함으로써 그들을 통제한다.

사람들은 성장 과정에서 규칙과 표준을 지키는 것이 지극히 당연한 도리라고 생각한다. 또 표준을 지키는 사람은 모범적인 사람이고, 표준을 지키지 않는 사람은 조직 생활을 잘 못하는 사람이라고 생각한다. 그런 점을 잘 이용해야 한다.

합의된 표준이 진짜 표준이다

국가에 법이 없으면 국가가 원만하게 돌아가지 않듯이 조직이 건강하게 돌아가기 위해서는 표준이 있어야 한다. 마찬가지로 사람들을 자기 마음대로 움직이기 위해서는 모두가 공감하는 표준을 만들어서 시행해야 한다. 그것도 다른 사람들이 스스로 합의하여 표준을 만들도록 해야 한다.

즉, 자기가 표준을 정하는 것이 아니라, 다수의 사람들이 토론을 통해서 모두가 공감하는 표준을 만들어야 한다. 남이 정해 준 표준이 아니고 자기들이 정한 표준이기에 이것을 지키려고 하는 것은 당연하다. 직원들을 다스리려고 애쓰지 않아도 사람들이 스스로 표준을 만들고, 그 표준 안에서 생활하니 일거양득이 아닌가?

공통양식을 제공한다

많은 사람들에게 메시지를 전달해야 하는 경우에는 공통된 양식과 공통된 언어로 일관성 있게 전달해야 한다. 직원들에게 의사를 전달할 때도 각자 받아들이는 정도가 다를 수 있으므로 명료하게 전달해야 한다. 특히 그간에 해 오던 방법이 아니라 새로운 방법을 제공할 때에는 양식, 언어, 프로세스 등 모든 것이 공통적으로 적용되게 해야 한다. 그렇지 않으면 사람마다 각각 받아들이는 의견의 차이로 인해 서로 다르게 이해하고 행동한다.

그러므로 많은 사람들이 자기가 생각하는 방향으로 움직이게 하기 위해서는 육하원칙에 입각하여 상세하고 구체적으로 제시해야 한다. 이와 함께 가능하면 샘플과 우수 사례 등을 부가하거나 사람들이 손쉽게 활용할 수 있도록 매뉴얼을 만들어서 배포하는 것이 좋다. 그래야 일을 시키고도 문제가 생기지 않는다. 아울러 만약의 경우 오해의 여지가 있을 수 있는 사항에 대해서는 사전에 공지하거나 교육을 해야 한다.

예컨대 수십만 명에 달하는 병사들을 데리고 전쟁을 할 때는 명령이나 지휘체계가 일사불란해야 한다. 낮에는 깃발을 활용하고 밤에는 북이나 징 혹은 횃불을 이용하는 등의 신호체계가 있어야 하고, 깃발의 색상이나 북소리에 따라 움직이는 방법에 대한 교안을 제공하여 이를 훈련해야 한다. 그래야 위기 상황에서도 흐트러지지 않는 군세를 유지할 수 있다.

마찬가지로 많은 사람들에게 일을 시킬 때는 모든 사람들이 공통으로 아는 신호체계와 의사전달 프로세스를 심어서 이를 모든 사람들이 공감하도록 해야 한다. 그래야 자기가 원하는 방식으로 직원을 다스릴 수 있다. 많은 사람들을 움직이게 하는 것은 '그 사람들을 움직이게 하는 리더가 어떤 방식으로 소통하는가'에 달려 있으며, 이에 따라 조직원들의 힘이 발휘되는 관건이 된다.

형식이 내용을 규제한다

　직원들을 움직이기 위해서는 어느 정도 형식적으로라도 이를 공식화해야 하고, 필요하다면 다른 사람의 공증을 받아 두어야 한다. 부동산을 계약하거나 돈을 빌려줄 때 계약서를 쓰지 않으면 나중에 낭패를 보기 쉽다. 그런 점에 입각하여 다른 사람을 자기 마음대로 움직이기 위해서는 내용을 알차게 하는 것도 좋지만, 우선 형식적으로 모양새를 완벽하게 갖추어야 한다.

　일을 시키는 사람이나 일을 하는 사람이 서로 추상적으로 말로 의사를 전달하기보다는 언제 어느 정도의 일을 해야 하는지, 일을 하면 어느 정도의 보상이 따르고, 일이 원만하게 성공하지 못하면 어떠한 책임을 질 것인가에 대한 것을 명문화하여 서로 서명하는 등의 형식적인 절차를 거쳐야 한다. 만약의 경우 법적 분쟁의 요건이 발생될 수도 있다는 점에서 이익이나 손해가 클 경우에는 논란의 소지가 있으므로 주의해야 한다.

　특히 일의 결과에 따라 기업의 성패와 개인의 성공가도에 커다란 영향력을 제공하는 일이라면 일에 착수하기 전에 충분히 협의하고 그것을 토대로 계약서를 작성해 두어야 한다. 그래야 일을 하는 사람이나 일을 시키는 사람도 편하다. 다소 인간적으로 통하지 않고 법적 잣대로 서로가 관계하는 듯한 인상을 풍기기도 하지만, 만일의 사태에 대비해서 형식을 명확하게 명문화하는 것이 바람직하다.

길이 생기면 길로 다닌다

직원들을 움직이기 위해서는 정해진 규칙과 시스템에 의해서 행동하게 해야 한다. 계속해서 곁에서 감시하면서 동기를 부여하고 관리할 수는 없다. 직원들에게 일을 시키고 자기는 보다 가치 있는 다른 일을 해야 한다. 그러기 위해서는 매뉴얼을 알려 주고 그 매뉴얼에 의해서 일을 하도록 일정한 프로세스를 구축해 두어야 한다. 그래서 자기가 없어도 정해진 프로세스에 의해서 일을 하도록 해야 한다.

사실 모든 조직의 일은 사람에 의해서 돌아가기보다는 정해진 프로세스에 의해서 돌아간다. 그러므로 자기가 다른 사람에게 일을 시켰으면 그에 따른 룰을 정해서 사람들이 그 운영 규칙과 룰에 의해서 일을 하도록 해야 한다. 그것이 바로 프로세스다. 프로세스가 있으면 사람이 바뀌어도 크게 신경을 쓰지 않아도 된다. 또한 많은 사람들에게 일일이 일의 방법과 순서를 가르쳐 주지 않아도 된다.

15 참고 기다리면 복이 온다

울어야 하는 새가 울지 않는다면 어떻게 할 것인가? 새를 죽여버리는 사람이 있고, 어떻게든 새를 울게 하는 사람도 있고, 그리고 새가 올 때까지 기다리는 사람이 있다. 일본 전국시대의 장수들을 빗댄 이야기다.

상황에 맞는 정답이 해답이다

직원에게 일을 시켰는데 그 일을 하지 않고 있다면, 울지 않는 새가 올 때까지 기다리는 사람과 같은 리더가 되어야 한다. 원래부터 일을 할 생각이 없는 불량 사원이 아니라면, 일을 시킨 지가 언제인데 착수할 낌새도 보이지 않는 이유는 사실 그 사람의 입장이 되어 봐야 알 수 있다. 일을 할 때까지 기다리다가 그래도 일을 하지 않으면 일을 하도록 만들어야 한다. 강제로 일을 하게 하는 것이 아니라, 자발적으로 일할 필요성을 알게 해야 한다.

그런데 많은 직장 상사들이 그 순간을 기다려 주지 않는다. 왜냐하면 시간이 한정되어 있고 자기 임기 동안에 성과를 내야 하기 때문이다. 그럼에도 불구하고 직원들의 입장을 생각해서 최대한 기다릴 수 있는 한 기다리면서 그들이 스스로 일하도록 동기를 부여해야 한다.

이슈가 발생하면 물러난다

직원들을 움직이기 위해서는 그들에게 이슈와 동향에 맞게 일을 시켜야 한다. 안전이 이슈로 부상되는 시점에서는 안전을, 혁신이 이슈로 부각되는 시점에서는 혁신에 관한 업무를 시켜야 한다. 안전사고로 인해서 한창 현장이 바쁘고 정신이 없는 상황에서 창의적이고 혁신적으로 일을 하라고 한다면 그것은 자칫 안전에 역행하는 행동이 생길 수 있다.

대개의 경우, 안전은 기본과 원칙을 중요시하는 반면 혁신은 자율과 변화를 중요시한다. 그러다 보면 혁신 활동이 안전에 위배되는 경우도 있을 수 있다. 그런 점에 입각하여 안전이 중요시되는 시점에서는 안전을 바탕으로 하는 혁신 활동을 전개해야 한다.

직장에서의 일은 개인의 일보다 우선한다. 즉, 일을 함에 있어서 공익적인 차원의 일을 항상 우선시해야 한다. 또 자기의 업무 분야가 이슈가 되지 않을 경우에는 잠시 뒤로 물러나 있어야 한다. 모든 것은 돌고 돌기 마련이다. 일등이라고 해서 계속 일등만 할 수도 없고, 여당이라고 해서 계속해서 여당일 수는 없다. 그러므로 현재 상황이 자기가 나서야 할 때가 아니라는 생각이 들면 조용히 엎드리고 있어야 한다. 그러면 내가 원하는 시점과 내가 주인공이 되고 중심이 되는 시대가 반드시 도래하게 되어 있다.

그렇다고 아무런 노력도 없이 자기가 주인공이 되고 자기가 득세할 시점만을 기다리는 것은 어리석은 짓이다. 보이지 않는 곳에서 절차탁마의 노력을 해야 하고, 유비무환의 정신으로 학습하고 준비해야 한다. 그러면 반드시 자기가 원하는 때가 도래할 것이다.

뒤로 물러날 줄 안다

직원들을 움직이기 위해서는 적당히 치고 빠져야 한다. 즉, 그들에게 필요한 경우에만 간섭하고, 그렇지 않는 경우에는 뒤로 물러나 있어야 한다. 예컨대 직원이 일이 많다고 생각되는 시점에서는 직원이 개인적인 시간을 갖도록 그냥 빠져 있고, 일이 없거나 컨디션이 좋은 시점이라고 생각되면 간섭하는 등 적당히 치고 빠져야 한다.

직원들에게 메시지를 전달할 때에는 그들이 심적으로 여유가 있을 때 해야 하며, 바쁘거나 컨디션이 좋지 않은 상황에서는 가급적이면 정신적이고 심리적인 스트레스를 주지 말아야 한다. 특히 직원들이 자기 주도적 열정적으로 일을 하는 스타일이라면 가급적 간섭하지 말아야 한다. 자기 주도적인 사람은 남이 간섭하면 반항하거나 오히려 피동적으로 일하는 경우가 있다. 그런 사람들에게는 아예 일임해야 한다.

여기서 적당히 치고 빠지라는 의미에는 중간에 시시콜콜 너무 간섭하지 말고 참고 기다리라는 의미가 담겨 있다. 특히 직장에서 직급상 부하지만 경험이 많은 부하 직원에게 업무를 지시할 때에는 더 주의해야 한다.

16 내가 솔선하면 남이 수범한다

직원들을 움직이기 위해서는 자기가 먼저 솔선수범해야 한다. 자기는 하지 않고 남이 하도록 하는 것은 뭐 묻은 개가 뭐 묻은 개를 탓하는 경우와 같다. 그러므로 다른 사람을 자기 뜻대로 움직이기 위해서는 자기가 먼저 모범을 보여야 한다.

과부 심정은 홀아비가 안다

직장은 위계질서를 매우 중요시한다. 그러므로 직장인이라면 상사의 말에 복종하고 충성을 다하는 태도를 보여야 한다. 그래야 직원들도 그러한 모습을 보고 당신에게 충성스러운 모습을 보일 것이다. 자기는 상사의 말을 우습게 생각하면서 다른 사람에게 자기의 말을 들으라고 질책하는 것은 모순이다. 또 상사가 상사의 말에 복종하지 않는 모습을 보면 그 부하들도 그렇게 대할 확률이 높다.

『명심보감』에 이르기를, 부모에게 효도하면 효도하는 자식을 낳고, 부모에게 불효하면 불효하는 자식을 낳는다고 했다. 씨 뿌리는 대로 열매를 맺는다. 콩 심으면 콩이 나고 팥을 심으면 팥이 나기 마련이다. 자기가 솔선수범을 하지 않는 행동을 다른 사람에게 종용하는 것은 파렴치한 행위다.

'노블레스 오블리주'라는 말이 있다. 다른 사람을 다스리고 리드하는 위치에 있는 사람들이 평범한 사람들보다 더 먼저 모범되게 생활을 해야 함을 일컫는 말이다. 자기가 상사의 말에 복종하고 자기가 충성을 다하면 자기 역시 그런 충성심이 강한 사람을 얻을 수 있다.

남을 따른 적이 없는 사람은 남을 다스릴 자격이 없다는 말이 있듯이, 남을 다스리고 남에게 일을 시키기 위해서는 다른 사람이 시키는 것을 잘해야 한다. 남이 시키는 것을 해 봐야 시키는 사람의 마음을 이해할 수 있고, 자기가 일을 시킬 때 어떻게 일을 시켜야 하는지를 알게 된다. 과부의 심정은 홀아비가 안다고 하지 않은가?

먼저 움직이게 한다

직원들을 움직이기 위해서는 가장 우선적으로 그들을 자극해서 어떻게든 움직이게 해야 한다. 그런 연후에 자기가 달성하고자 하는 목적지로 직원을 유도하는 것이 좋다. 관성의 법칙이 말하듯 정지되어 있는 물체는 정지하려고 하고, 움직이는 물체는 계속해서 움직이려고 한다. 그러므로 직원들을 움직이기 위해서는 정지해 있는 상태에서 움직이게 하는 힘이 필요하다.

그러기 위해서는 직원들이 원하는 미끼를 던져 유혹하거나 그들이 두려워하는 것을 제공하여 두려운 나머지 깜짝 놀라게 해야 한다. 그래서 자기가 원하는 방향이 아닌 다른 방향으로 움직이고 있다면, 자기가 원하는 방향으로 움직이게 방향을 바꿔 주면 된다.

흔히 세일하는 사람들이 일단 고객이 매점에 들어오기만 하면 어떻게든 물건을 팔 수 있다고 말한다. 그런데 고객이 상점을 찾아 주지 않으면 자기가 아무리 좋은 판매 전략과 마케팅 능력을 가지고 있어도 물건을 팔 수 없다. 최근에는 집에 있는 고객도 물건을 살 수 있도록 하기 위해서 홈쇼핑을 통해서 통신 판매하는 방법이 활용되고 있다. 홈쇼핑을 보지 않으면 사지 않을 물건도 홈쇼핑을 보다 보면 자기도 모르게 구입하는 경우가 많다.

이와 마찬가지로, 직원들을 움직이기 위해서는 그들이 움직일 수 있는 여건을 조성해서 자기가 원하는 목표를 향해서 움직이게 해야 한다.

시키는 것도 습관이다

직원들을 움직이기 위해서는 가장 우선적으로 자기가 다른 사람들에게 본보기를 보여야 한다. 자기가 솔선수범해야 하고 다른 사람들의 본보기가 되어야 한다. 또 자기가 근면 성실한 상태에서 다른 사람들과 교감을 나눠야 한다.

직장 생활을 하거나 조직 생활의 리더의 위치에 있다 보면,

자기가 하기 싫은 일도 말 한마디에 의해서 다른 사람들이 모두 실행해 주기에 그러한 것을 좋아한다. 그런데 남에게 시키는 것이 습관이 되면 결국에는 자기가 나태해지게 마련이다. 얼핏 생각하면 자기가 힘들게 일을 하지 않고 다른 사람을 시키는 것이 오래도록 자기 권력을 유지하는 길이라고 생각하는 사람이 있는데, 그것은 큰 착각이다.

직장 상사 중에는 승진에는 전혀 도움이 되지 않는다는 핑계로 남에게 곧잘 일을 시키는 사람들이 많다. 그런데 습관적으로 다른 사람들에게 일을 시키는 것은 남의 사적인 영역을 함부로 침범하는 것과 같다. 그러므로 자기가 먼저 힘써 노력해야 하고, 타의 모범이 되어야 한다. 그래야 그 경험에 기인하여 지혜가 길러지게 된다.

먼저 경험한다

남을 시키지 않고 자기가 모든 일을 하는 것도 문제지만, 자기는 전혀 하지 않고 모든 것을 남을 통해서 이루려고 하는 것도 문제다. 그러므로 자기의 지속적인 성장과 번영을 위해서는 어느 정도 스스로 타의 모범이 되는 활동에 매진해야 한다.

자기가 힘써 노력하면 자기의 내공이 탄탄해진다. 또 실행력이 높아진다. 그러므로 직원들을 움직이기 위해서는 자기가 먼저 다방면의 경험을 쌓아야 한다. 그래야 그 경험으로 인하여 다른 사람들에게 그 일을 시켜도 제대로 관리할 수 있고, 그 일의 내막에 숨어 있는 내면의 진실을 보다 투명하게 들여다보면서 일을 하기 때문에 그들의 속사정을 속속들이 알게 된다.

본보기를 보인다고 해서 다른 사람들에게 좋은 사람으로 인식되게 쇼를 하라는 것이 아니다. 사람을 이끄는 리더십의 근본은 솔선수범에 있다. 내가 먼저 행하고 그다음에 다른 사람들도 그것을 행하도록 해야 한다. 길이 나지 않는 눈밭 길은 함부로 걷지 말아야 한다고 말한다. 왜냐하면 사람들이 앞에 간 사람의 발자국을 따라서 길을 가기 때문이다.

해 봤다고 말한다

직원들에게 확신을 심어 주는 가장 좋은 방법은 내가 직접 경험을 했기 때문에 아무런 근심 걱정이나 의구심을 갖지 말고 하라고 하는 것이다. 직원들 입장에서는 일단 그것을 직접 경험한 사람이 있다는 것에 대해서 강한 확신을 갖게 된다. 고故 정주영 회장이 말했듯이, 해 본 사람에게는 적수가 없다. 일단 경험을 해 본 사람에게는 어떠한 이론도 통하지 않는다.

따라서 직원들을 내 마음대로 움직이기 위해서 자기가 할 수 있는 가장 최선의 방법은 그에 대한 일을 먼저 경험하고 그러한 경험적인 암묵지를 직원에게 전하는 것이다. 그러면 직원들은 당신의 말에 무한 신뢰감을 보일 것이다.

사람들은 다른 사람이 한 것에 대해서는 자기도 할 수 있다고 생각한다. 그러므로 일을 함에 있어서 직원들에게 자기의 경험을 전달할 수 있을 정도로 경험을 해 봐야 한다. 아울러 자기의 경험에 더하여 직원은 더욱더 괄목할 만한 성과를 낼 수 있다는 확신을 직원에게 심어 주어야 한다.

17 빌미를 제거한다

직원들에게 일을 시킬 때에는 그들이 오더를 받았을 때 불평불만을 제기하지 않도록 미리 예방주사를 놓아두어야 한다. 마치 의사가 수술을 할 때 마취제를 투여하듯이, 직원에게 일을 시키고자 할 때에는 미리 그들이 불평을 표시할 수 없게 해야 한다.

사전에 기강을 바로잡는다

그러기 위해서는 사전에 기강을 바로잡아야 한다. 또 불평하거나 부정할 빌미를 제공하지 않아야 한다. 직원들이 어떠한 상황에서도 순종하고 업무 지침에 대해서 부정하지 못하도록 조직의 분위기를 조성해 놓은 상태에서 업무를 지시해야 한다. 겨울에 자동차를 운전하기 전에 워밍업을 하듯이 직원들에게 일을 시킬 때에는 긍정적으로 수용할 수 있는 조직 분위기를 구축한 상태에서 지시해야 한다.

직원들이 긍정적인 상태에 있으면 어지간한 일들은 별것이 아니라고 생각한다. 하지만 부정적인 분위기에서는 조그마한 일이 크게 부풀려지기도 한다. 그러므로 긍정적인 조직 문화가 구축된 상태에서 업무를 지시해야 한다.

또 직원들에게 일을 시킬 때에는 일을 시키면 그들이 어떤 반응을 보일지를 예측해서 그에 따른 대책을 미리 마련해 두어야 한다. 또 직원들이 어떠한 이유로 지시한 내용을 받아들이지 않을 것인지를 예측해서 그에 따른 답변을 마련한 상태에서 지시를 내려야 한다.

또 일을 시키고자 하는 부분에 대해서 전반적으로 윤곽을 알 수 있도록 사전에 설명하고 반격하지 못하도록 명분을 확실하게 해야 한다. 어정쩡한 명분으로 일을 시키는 것이 아니라, 상부의 지침, 경영의 철학, 공장 방침 등 누구나 이 직장에서 근무하는 사람이라면 해야 하는 지극히 당연한 일이라는 것을 인지시켜서 이를 부정하는 사람은 조직에 역행하는 것임을 사전에 인지시켜야 한다.

포기가 옳을 때도 있다

사람들은 무엇이든 처음에는 하기 싫어서 불평불만을 토로

하지만 이왕지사 피할 수 없는 것이고 반복해서 돌이킬 수 없다고 생각하면 자구책을 찾는다. 그러므로 이왕 해야 하는 것이라면 매도 먼저 맞는 사람이 낫다는 말이 있듯, 먼저 매를 맞을 수 있는 분위기를 형성해야 한다. 그러면 사람들은 기본적으로 자기가 해야 하는 사항이 무엇인지를 스스로 찾아서 행동하게 된다.

이에 더하여 직원들을 적극적으로 일에 동참하게 하기 위해서는 그 일을 함에 있어서 의무적으로 해야 하는 책임량을 정해 주고, 자기 할당량을 다하면 그 안에서 자유를 만끽할 수 있도록 해 주어야 한다. 즉, 열심히 하는 사람과 피동적으로 하는 사람 간의 차이를 두고 관리해야 한다.

상대의 역량을 정확히 파악한다

사람들에게 일을 시킬 때에는 직원의 머리가 얼마나 큰지를 알고 일을 시켜야 한다. 즉, 배포가 어느 정도이고 능력이나 역량이 어느 정도인가를 알고 일을 시켜야 한다. 큰물에서 놀아 본 사람인지, 혹은 작은 물에서만 놀았는지를 감안해서 일을 시켜야 한다. 그래서 배포가 작고 마음 씀씀이가 작은 사람에게는 큰일을 시키지 말아야 한다. 반대로 배포가 크고 생각하는 범위가 넓고 큰 사람에게는 큰일을 시켜야 한다. 즉, 사람의 그릇 크기에 맞는 일을 시켜야 한다.

또, 경우에 따라서는 직원이 전혀 그 일에 대해서 내막을 잘 모르고 있을 때 일을 시켜야 한다. 경우에 따라서는 직원들이 일의 진척 상태를 모르고 해야 좋은 경우가 있다. 그럴 경우에는 직원들 주변으로부터 들어오는 정보를 모두 차단시키고, 무지한 상태에서 주어진 일에 매진하도록 해야 한다. 정보와 지식을 차단하면 직원들은 그다지 다른 정보가 없기 때문에 새로운 대안을 생각하지 않고 주어진 일에 매진하게 된다.

세상에서 제일 무서운 사람은 오직 한 권의 책만 읽은 사람이라는 말이 있듯이, 무지의 상태에 있는 사람은 매우 단순하다. 그래서 시키면 시키는 대로 한다. 그러므로 누군가에게 일을 시킬 때에는 그 사람이 머리가 큰 사람인지, 순진한 사람인지 아니면 산전수전 공중전까지 경험한 사람인지를 알아보고 일을 시켜야 한다. 그렇지 않으면 자기가 오히려 그 사람의 꼬임에 빠져 주객이 전도되는 상황이 올 수도 있다.

강물은 막지 말고 물길을 돌린다

직원들을 움직이기 위해서는 그들의 방어기제를 먼저 약화시켜야 한다. 직원들 입장에서는 남의 일을 한다는 것에 대해서 거부감을 느끼게 마련이다. 자기 방식에서 벗어나 남이 시키는 방식대로 일하는 것을 순순히 받아들이는 사람은 없다. 누구나 자기가 하던 방식에서 벗어나 새로운 방식으로 하는 것을 싫어한다.

　일반적으로 사람은 동일한 것을 계속해서 반복하는 것을 싫어하지만, 기존과 다른 새로운 방법으로 하는 것에 대해서도 거부감을 보인다. 또 낯선 것이나 새로운 것에 대해서는 자기를 보호하고 안정감을 찾기 위해서 습관적으로 방어기제를 작동한다. 그러므로 직원들에게 일을 시켰는데 상상보다 강하게 저항하거나 불만을 토로한 경우에는 그것을 이해시키려고 하기보다는 일단은 그러한 감정이 가라앉도록 관심을 다른 곳으로 돌려야 한다.

　물살이 거센 강물을 막으려고 하면 힘들다. 그런 경우에는 강물의 물길을 돌려서 물살이 미치지 않도록 하는 것이 좋다.

18 책임을 분담한다

　　　　　직원들을 움직이기 위해서는 여러 사람에게 그 분야의 일을 나누어서 지침을 내림으로써, 자기가 하는 일이 혼자서 하는 일이 아니고 여러 사람이 분담해서 하는 일이기에 한 사람이 펑크를 내면 여러 사람이 피해를 본다는 사실을 알게 해야 한다.

공생공사를 알게 한다

사람들은 자기가 맡은 책임량에 대해서는 책임감을 가지고 주도적으로 하려는 경향이 있다. 또 자기가 하는 일이 조직을 위한 일이고 자기로 인하여 조직의 성과에 피해가 간다고 생각하면 그에 대한 손해가 미치지 않도록 힘써 노력하려는 경향이 있다. 그러므로 여러 사람들에게 일을 시킬 때에는 막연하게 단체로 일을 하게 하는 것보다는 각자에게 일을 지정해서 시켜야 한다.

흔히 길거리에서 어려움에 처한 사람이 많은 사람들이 통행을 하는 광장에서 단순히 "도와주세요."라고 말하는 것보다는 특정인을 지정해서 도움을 요청하는 것이 도움을 받을 확률이 더 높다. 마찬가지로 많은 사람들 중에서 단 한 사람에게 일을 시키거나 여러 사람에게 일을 시킬 때에는 공동의 목표를 부여하고 그 목표를 달성하기 위해서 각자 어떠한 일을 해야 하는가에 대한 역할을 부여해야 한다.

일을 시킬 때는 역할과 책임을 명확하게 해야 한다. 아울러 그 역할이 다른 사람들에게 미치는 영향에 대해서 상호 알게 하고, 경우에 따라서는 전후 공정 간에 교류를 하는 등 서로 원활하게 소통이 되도록 해야 한다. 그러한 소통의 관계 속에서 서로가 정보를 공유하고 서로가 원하는 것을 건의하면서 갈등의 장애가 생기지 않도록 해야 한다.

19 혼란의 시기를 지휘한다

연말연시나 혹은 인사이동 시점에는 일을 하려고 하기보다는 자기 직속 상사의 인사이동은 어떻게 될 것인가에 많은 관심을 갖기 마련이다. 왜냐하면 인사이동으로 상관이 바뀌면 자신의 업무가 바뀌고 업무 지침이 달라질 것이라고 생각하기 때문이다.

상황에 흔들리지 않는 분위기를 만든다

직장인의 경우, 인사이동 기간에는 대부분 평상시와는 달리 긴장을 늦추면서 생활하는 직장인들이 많다. 하지만 그러한 경우에는 오히려 더 정진해야 한다. 직장에서 일이라는 것은 어지럽고 혼란스러운 분위기 속에서 얼마나 근성 있게 하는가가 중요하다. 그러므로 주변 상황이 어떻게 변하든지 간에 자기는 자기에게 주어진 일을 열정을 다해서 한다는 것을 주변 사람들에게 알려야 한다. 그런 평판을 갖게 하기 가장 좋은 시점이 바로 조직이 어수선한 시점이다.

그러므로 일을 시키는 입장에서도 늘 그 점에 착안하여 조직원들이 그러한 어수선한 분위기에 휩쓸려서 일을 등한시하는 상황이 발생되지 않도록 조직 기강을 유지하는 데 최선을 다해야 한다.

아울러 조직원들에게 일을 시켜야 하는 경우에도 어차피 해야 하는 일이라면 그 일을 해야 한다는 사실을 인지시켜야 한다. 그러면 직원은 시대가 변화하고 환경이 변해도 자기가 해야 한다는 책임감을 가지고 그 일을 할 것이다.

특별한 운명에 처했음을 인지시킨다

직원들을 움직이기 위해서는 절대자의 힘을 이용해서 그들에게 메시지를 전달해야 한다. 즉, 이러한 일을 당신이 그냥 하는 것이 아니라 절대자의 부름을 받아서 하는 일임을 인식시키는 것이다.

역사를 보면 전쟁에 나갈 때 전쟁에서 이길 것인가 혹은 패배할 것인가에 대한 점괘를 보도록 한다. 이때 군주는 점쟁이와 짜고 당연히 점괘가 승리로 나오도록 쇼를 한다. 그러면 그 기적 같은 상황을 보고서 병사들이 자기편이 승리할 것이라는 생각에 사기가 충전되어 전쟁에 당당하게 나서게 된다. 자기들이 이길 것이라고 확신하면서 싸우는 병사는 이길 확률이 높다. 반면에 패배 할 것이라는 생각을 가지고 싸우는 군대는 패배할 확률이 높다.

이처럼 직원들을 움직이기 위해서는 신의 계시나 운명이라는 것을 알게 하거나, 그 일을 하지 않으면 당신의 사랑하는 사람들이 큰 피해를 본다는 것을 인지시켜야 한다. 그러면 직원은 그 점괘를 믿고 그것이 자기의 정해진 운명이라는 생각으로 일을 하게 된다.

또 같은 일도 그냥 시키는 것보다 "이것은 하늘의 계시다. 이것은 당신을 위한 당신의 승진을 위해서 필연적으로 해야 하는 일이다. 이 일은 최고 경영자가 당신에게 특별히 하라고 하명한 일이다. 이 일은 회사에서 인정을 받은 사람이나 인사 고과 점수가 특별 등급에 해당하는 특별한 사람만 해야 하는 일이다."라고 말하면서 일을 시키는 것이 좋다.

20 두려움을 주는 것도 필요하다

직원들을 움직이기 위해서는 그들에게 두려운 마음을 갖게 해야 한다. 두렵게 해야 한다고 해서 소리를 지르거나 혹은 강압적인 힘으로 협박하면서 두려움을 주는 직접적인 접촉은 하지 말아야 한다.

약간의 공포는 약이 된다

사람들은 감찰, 감독, 감시 등의 단어에 아주 민감하게 반응한다. 또 자기의 일거수일투족이 감독기관에 의해 감시를 당한다고 생각하면 조심스럽게 행동한다. 그러므로 직원들이 조심스럽게 긴장하면서 행동하도록 하기 위해서는 점점 수사의 포위망을 좁혀 가듯 감찰을 해야 한다.

특히 일을 시켜도 하지 않는 사람은 어떠한 벌을 받게 되고 잘하는 사람에게는 어떠한 포상이 이뤄지는지를 직접 눈으로 보도록 해야 한다. 인터넷을 통해서 들은 정보로는 그 자극의 정도가 약해서 금방 망각한다. 하지만 자기가 현장에서 직접 살벌한 기운과 두려운 공포를 느끼면, 굳이 뭐라고 말하지 않아도 스스로 움직이기 마련이다.

21 은밀하고 위대하게 한다 👥

직원들을 움직이게 하려면 팀원들이 리더의 거동을 눈치 채지 못하도록 해야 한다. 또 팀원들이 알면 안 되는 사항에 대해서는 말을 하지 않는 것이 좋다. 기업에는 경영자만 알아야 하는 정보가 있다. 소통이 좋고 투명한 기업문화가 바람직하다고 해서 모든 정보를 공유하고 공감하는 것이 좋은 것은 아니다.

보이지 않는 적이 무섭다

세상에서 가장 무서운 적은 언제 나타날지 모르는 눈에 보이지 않는 적이다. 눈에 보이는 적이라면 상황에 맞춰 대적할 수 있지만, 눈에 보이지 않는 적은 전혀 준비가 되어 있지 않는 상태에서 기습을 당할 수 있다.

그러므로 직원들을 움직이기 위해서는 고요 속에서 물밑 작업을 해야 한다. 특히 직원이 머리가 좋고 전략적이면서 정치하는 사람이라면 더욱 속마음을 숨겨야 한다. 자칫 자기의 속마음을 직원에게 드러내다가는 직원에게 오히려 역공을 당할 수 있다.

고요 속에서 승산을 따진다

손자는 『손자병법』에서 전쟁은 나라의 존망이 걸려 있는 아주 중대한 사안이므로 신중하게 검토하라고 말하면서 최소한 다섯 가지를 비교하여 결정하라고 말한다. 이 다섯 가지 중 첫째는 도다. 군주와 백성 등 모든 국민들이 하나가 되어야 하고 전쟁을 해도 된다는 일치된 마음을 가져야 한다. 모두의 뜻이 하나가 됨을 의미한다.

두 번째는 천이다. 이는 하늘의 때가 맞아야 함을 의미한다. 대개 일을 할 때 하늘이 도움을 주어야 한다는 말을 하는데, 이는 하늘이 유리함을 주는 때에 전쟁을 하는 것이 좋다는 말이다.

셋째는 지다. 지형지물이 자기에게 유리해야 한다. 앞서 천이 하늘이 주는 행운이라면 지는 땅이 주는 행운이다.

넷째는 장이다. 전쟁을 이끄는 장수의 그릇을 말한다. 즉, 전쟁을 이끄는 사람이 어떠한 자질과 역량을 가지고 있느냐에 따라 전쟁의 성패가 갈린다는 것을 의미한다.

다섯째는 법이다. 법은 시스템이고 제도이며 프로세스이다. 모든 인적 물적 흐름이 어떻게 이뤄지고 관리가 되는지에 대한 것이다. 총체적으로 국가를 다스리는 뼈대가 되는 법을 의미한다.

직원들을 움직이게 하려면 무엇이 부족한가를 진단해서 가급적이면 위의 다섯 가지를 만족시키기 위한 준비를 해야 한다. 즉 직원들과 마음은 일치하는지, 외부의 환경적인 요건은 어떠한지, 내부적으로 우환은 없는지, 자기 개인적으로 문제는 없으며 직원들은 적재적소 원칙에 따라서 제대로 배치했는지, 관련 프로세스와 법률은 제대로 정비가 되었는지에 대해서 명확하게 검토해야 한다.

22 조직은 개인에 앞선다 👥

직원들을 움직이기 위해서는 공적인 이익을 위해서 해야 한다는 말을 강조해야 한다. 또 사용하는 단어도 개인보다는 단체, 사익보다는 공익 등 단체적인 속성을 지닌 단어를 많이 사용해야 한다. 그러면 직원들은 공익이나 단체를 위하여 자기 스스로 헌신하고 희생한다는 생각을 하면서 움직이기에 자기 스스로 움직이고 있다는 생각을 하게 된다.

조직에는 명분과 이익이 있다

일반적으로 사람들은 자기가 소속된 단체에 희생하고 헌신하려는 마음을 가지고 있다. 그래서 남이 시키든 안 시키든 간에 소속된 단체에서 자기가 맡은 역할을 다하고 싶어 하는 속성이 있다. 또 조직이나 단체적인 차원에서 일을 한다고 생각하면 자기 스스로 동기를 부여받아서 일을 하려는 경향이 있다.

그러므로 가급적이면 일을 시킬 때에는 조직적이고 단체적인 차원에서 일을 해야 함을 강조해야 한다. 아울러 일을 분배할 때에도 자기가 해야 하는 역할과 책무를 명확하게 구분해서 조직이 성장하기 위해서 해야 하는 것이 무엇인지를 명확히 해야 한다.

팀과 개인을 구분한다

직원들에게 일을 시킬 때 조직원으로서의 개인과 사적인 개인으로 구분해서 일을 시켜야 한다. 특히 자기가 팀을 이끄는 부장의 위치에 있다면 일차적으로 그 팀원에 대한 인사권이나 업무적인 권한은 팀장에게 있음을 알아야 한다. 그런 점에 입각하여 팀원에게 일을 시킬 때에는 팀장의 허락을 얻은 후에 일을 시키든지, 아니면 팀장을 통해서 팀원에게 자기의 업무 지침이 내려가도록 해야 한다.

조직의 근간을 이루는 것은 위계질서다. 상하 간의 위계질서가 명확하게 잘 유지되어야 조직이 지속적으로 번영과 성장을 꾀할 수 있다. 그런 점에 입각하여 직원들에게 일을 시킬 때에는 조직의 위계질서가 깨지지 않도록 윗사람이 솔선해야 한다.

부장이 팀장을 배려하고 팀장이 팀원을 배려하는 문화가 가장 좋은 조직문화다. 성격이 급해서 일이 매우 긴급하기에 부장이 팀장을 건너뛰어서 팀원에게 업무를 지시하면 일은 원만하게 달성할 수는 있어도 조직력을 잃게 된다. 그야말로 소탐대실이다.

관례라는 것을 강조한다

직원들을 자기가 원하는 방향으로 이끌기 위해서는 그들에게 시키는 일은 모든 사람들이 기본적으로 해야 하는 일이라는 것을 강조해야 한다. 즉, 사적으로 시키는 일이 아니라, 이미 오래전부터 관례적으로 해 오던 일이고 이미 그 일을 하는 것이 기정사실화되어 있음을 알려 주어야 한다.

사람들은 공동체가 해야 하는 일이고, 남들도 모두가 해야 하는 일이라고 생각하면 그 일을 하게 마련이다. 또 공동체에서 결정한 사항이고 그것이 조직원들이 지켜야 하는 원칙이라고 정해진 것에 대해서는 설령 불평불만을 갖고 있어도 자기에게 주어진 바를 하게 되어 있다.

직장에서도 마찬가지다. 개인적이고 자율적으로 하라고 하면 하지 않는 경향이 있다. 하지만 전 직원이 필수적으로 수강해야 하는 교육이고, 회사원으로서 필히 서약해야 한다고 말하면 아무런 의심이나 불평을 하지 않고 순응한다.

상사나 경영층을 들먹인다

실무를 전담하는 사람으로서 조직원들을 다스리는 가장 좋은 키워드는 상사의 지침이나 경영층의 방침이라는 말이다. 즉, 자기의 순수한 의사가 아니라 상사의 지침이고 경영층이 하고자 하는 일이라는 것을 알려야 한다. 직장인들에게는 상사의 방침과 회사가 나가고자 하는 방향이 명분이다.

예컨대 사람들은 자기의 기득권을 내려놓아야 하는 상황에서는 무슨 일을 시키든 반박한다. 그러한 반감을 삭히는 가장 좋은 방법은 공장의 방침이고, 회사의 정책이며 그렇게 하는 것이 아주 지극히 당연하다는 것을 알려야 한다. 아울러, 그것을 하지 않았을 때에는 어떠한 손해를 보게 될 것이며 잘하는 경우에는 특별한 보상이 따르게 된다는 것을 알려야 한다.

23 패배를 좋아할 사람은 없다

직원들을 움직이게 하려면 직장인의 경우에는 조직 간의 경쟁을 잘 활용해야 한다. 직장인들은 자기가 속한 조직이 다른 조직보다 잘나가기를 바란다.

자기 조직이 강하다고 생각한다

사람들은 자기 조직이 상대 조직에 비해서 우수하다는 생각을 가지고 있다. 또 설령 자기 조직이 뒤처진 경우에는 그만한 사연이 있고, 그래도 자기 조직이 다른 조직에 비하여 다른 측면에서는 아주 우수한 점이 많다고 착각한다.

아울러 자기 조직이 다른 조직에 비하여 성과나 경쟁력이 낮은 것은 순전히 조직의 수장 탓으로 돌리며 자기와는 전혀 상관없다고 생각한다. 그러면서도 자기가 속한 조직이 다른 조직에 비하여 열등하지만 자기의 개인적인 실력은 다른 조직의 조직원들보다는 훨씬 경쟁력이 있다고 생각한다.

직장이 자기를 대변한다

사람은 그가 어디에서 일을 하느냐 혹은 어느 집단에 속해 있느냐로 평가받고 다른 사람을 평가하기도 한다.

사람들은 사람의 본질적인 내면을 보는 것이 아니라, 밖으로 드러나는 것을 보고 그 사람이 어떤 사람인가를 평가한다. 개인의 실력과 재능에 의해서가 아니라, 자기가 현재 어디 소속에 있으며 어느 곳에서 일을 하고 있는가로 평가받는다.

그래서 능력이 출중해도 중소기업에서 일하는 사람은 을로 취급받고, 능력과 재능이 다소 뒤처져도 대기업 사원이면 갑으로 대우받는다. 그래서 이왕이면 좋은 회사에 다니려 하고 공무원을 하려는 사람들이 많다. 먹고사는 것이 중요한 것이 아니라 자기가 다른 사람들에게 어떤 사람으로 보이는 것인가를 더 중요시하는 사람들에게는 어디에서 일을 하는가가 중요하다.

그러므로 직장인의 경우에는 경쟁사에 비해서 어떤 점을 보완해야 하는 등 조직과 조직의 실적을 비교하여 조직 간 선의의 경쟁심을 불러일으켜야 한다. 아울러 다른 조직에 비하여 자신이 속한 조직이 열위에 있다면 누구로 인해서 조직의 실적이 낮은지를 알게 해야 한다. 그러면 개인적으로는 전혀 하고 싶지 않아도 조직의 성과와 실적을 위해서 책임감을 갖고 행동하게 된다.

Chapter 3

열정으로
동기 부여한다

LEADERSHIP

남에게 일을 잘 시키지 못한다 | **팀원 관리**로 스트레스를 받는다 | 상대를 내 **편**으로 만들고 싶다

01 진단하면 더 잘한다 👥

직원들을 움직이게 했다고 해서 모든 것이 끝난 것은 아니다. 사람들은 3일이 지나면 작심삼일 병에 빠지게 마련이다. 인간의 두뇌 구조가 그렇게 되어 있다.

진단은 **작심삼일병 치료기다**

인간의 두뇌는 3일이 지나면 세포와 호르몬의 변화에 의해서 3일 전에 기억했던 것을 자기도 모르게 망각한다. 그런 점에 입각하여 다른 사람에게 무엇인가를 하도록 지시했다면 중간중간에 그 사람이 일을 어떻게 처리하고 어느 단계까지 진행되고 있는가를 진단해야 한다. 이는 단순히 직원들이 일을 어떻게 하는가를 감독하는 차원을 넘어, 일을 하는 과정에서 어려운 것은 없는지 혹은 일을 함에 있어서 올바른 방향으로 진행하기 위해서는 어떻게 해야 하는지를 가르치는 차원에서 관리가 이뤄져야 한다.

많은 리더들이 부하에게 일을 시키면 그냥 부하의 역량에 의해서 이루도록 하는 것을 당연시하고 있다. 또 일을 시키고 나서 그 일을 함에 있어서 어떻게 하는 것이 바람직한가를 관리·감독하는 수준에서 진단하는 경우가 많다. 하지만 그것은 올바른 관리 방법이 아니다. 일을 시켰으면 그 일이 잘되도록 가이드를 해 주고 왜 그 일이 잘 진행되지 않는지, 또 그 일을 하면서 지원을 해 줘야 하는 사항은 지도를 곁들여서 업무 지원을 해 주어야 한다.

숨어 있는 사람을 드러낸다

특별히 행동하지 않고 무리 속에 휩쓸려서 조직에 기생하는 부류의 사람들도 있다. 그들은 개별적으로 관리하지 않으면 잘 표시가 나지 않는다. 그러므로 개인적으로 실적 통계를 내서 그런 사람들에 한해 특별히 개별 관리를 해야 한다. 그러면 수면 위로 정체가 드러나 움직이게 되어 있다.

그러므로 대중 중에서 처음에는 특별히 행한 사람들을 위주로 인정의 나르시시즘을 느끼게 하고, 점차적으로 행한 사람들의 비중이 80퍼센트를 넘어서는 시점부터는 행한 사람보다는 행하지 않는 사람들이 외부에 가시적으로 알려지게 해야 한다. 이때 중요한 것은 모니터링을 하는 기간을 정기적·주기적으로 계속해야 한다는 점이다. 끝까지 계속하면 결국은 하게 된다. 그렇지 않고 처음에만 모니터링을 할 뿐 시간이 지나면 그다지 모니터링을 하지 않는다고 인식하면, 실적을 공지해도 민감한 반응을 보이지 않는다.

적정한 시점에 이슈를 터트린다

직원들을 움직이기 위해서는 기자가 언론에 특종을 터트리듯 적정한 시점에 터트려야 한다. 별다른 이슈가 없는 상황에서 아무 의미 없이 메일을 보내거나 상벌을 진행하는 것은 무용지물이다. 기회를 잡아서 적정한 타이밍에 직원들이 인지하지 못하는 시점에 그것을 터트려야 한다. 직원들이 예상하지 못하는 시점이나 직원이 전혀 생각지도 않은 상황에서 칭찬을 받고 많은 사람들로부터 스포트라이트를 받을 수 있게 한다면, 그보다 더 좋은 경우는 없다.

추억을 선물한다

직원들을 감동시키는 연출을 해서 직원에게 잊을 수 없는 추억을 만들어 주는 것도 좋다. 직원들이 진정으로 자기에게 충성할 수 있는 모태를 마련해 주고 그들로 하여금 감정적으로 감동을 받게 해서 그 감동에 감격한 나머지 혼신의 힘을 다해 일을 처리할 수 있도록 해야 한다. 사람은 감동하면 움직이게 되어 있다. 즉, 사람의 감정을 건드려서 직원이 행동하게 만들어야 한다.

직원들이 감정적으로 기분이 좋은 상태에 있으면 더욱 좋다. 아무리 돌부처를 자청하는 사람도 칭찬하고 감동을 주면 움직이게 되어 있다. 특히 적으로 지내는 사람의 경우에는 더욱더 세심한 배려를 아끼지 말아야 한다. 직접적으로 직원들에게 감동을 줄 수도 있지만 그렇지 않고 그들의 주변 사람들을 감동시켜서 간접적으로 자극을 주어서 움직이는 것도 슬기로운 지혜이다. 그러기 위해서는 평소에 이슈를 잘 관리해야 한다.

툴을 활용한다

다른 사람을 자기 마음대로 움직이기 위해서는 계속적으로 다른 사람의 관심을 붙잡을 수 있는 도구를 가지고 있어야 한다. 즉, 가두리 양식장에 고기를 기르듯이 사람을 가둘 수 있는 특별한 툴이 필요하다.

스티븐 코비 박사가 펴낸『성공하는 사람들의 7가지 습관』을 보면, 성공 습관을 계속적으로 유지·관리하기 위한 툴로 플래너 작성을 강조한다. 이는 다시 말해서 플래너를 작성하지 않으면 성공하는 사람들의 7가지 습관을 제대로 실행할 수 없음을 의미하기도 한다. 또 6시그마에서는 DMAIC나 DFSS라는 툴을 활용하여 개선 활동을 할 것을 독려하고 있다. 왜냐하면 그냥 닥치는 대로 개선 활동을 하는 것이 아니라, 일정한 툴에 맞춰 개선 활동을 해야 혁신 마인드를 갖게 하는 데 도움이 되기 때문이다.

숫자로 관리하고 측정한다

직원들을 움직이기 위해서는 그들이 하는 일의 과정과 결과를 측정하여 이를 피드백 해야 한다. 측정하지 않는 것은 개선할 수 없다. 개선하기 위해서는 일정한 기준에 의해서 측정치를 알아야 한다. 즉, 모든 것은 데이터로 말해야 한다. 대충 감으로 해서는 직원을 논리적으로 설득할 수 없고, 개선을 이뤄낼 수 없다.

그러므로 직원들을 움직이게 하기 위해서는 그들의 현재 수준이 어느 정도이며, 어떤 점이 부족하고, 어떤 점에 치중해야 하는가에 대해 주기적으로 피드백을 해 주어야 한다. 예컨대 스포츠 선수들이 연습할 때 기록을 측정하면서 자기의 실력을 향상시키기 위해 노력하듯이, 직원들에게 일을 시켰으면 그들의 실력과 성과가 향상되도록 계속해서 피드백을 해 주어야 한다. 그러면 직원들은 그 데이터를 더 좋게 하기 위해서 노력한다.

직원들에게 일을 시킨다는 것은 일을 통해서 그들이 성장하는 계기를 마련해 준다는 것과 동일하다. 직원들에게 남는 것은 일을 통해서 성장하는 것이다. 물론 그 일을 하는 대신에 성과에 따른 보상을 해 주어야 하는 것은 당연하다.

감찰 권한을 갖는다

직원들을 움직이기 위해서는 자기에게 특별한 권한이 있어야 한다. 그 권한이 암행어사처럼 부조리를 감독하고 감찰하는 위치에 있다면 더욱더 쉽게 움직일 수 있다. 사람들은 자기가 이익을 보는 것보다 손해를 볼지 모른다는 생각을 더 두렵게 생각한다. 또 자기가 좋은 일을 해서 상을 받는다는 기쁨보다는 잘못해서 벌을 받을까 봐 더 두려워한다.

그래서 사람들은 경찰이나 검찰 등, 자기가 잘못했을 때 이를 징벌하는 기관을 두려워한다. 물론 자기가 죄를 범하지 않고 모범되게 생활하면 그런 사람들이 두렵지 않다. 하지만 사람 일은 모른다. 언제 자기도 모르는 실수를 해서 그런 사람들에게 적발되어 벌을 받을지도 모르기 때문에 일단은 두려워하는 마음을 갖는다.

그러므로 직원들을 움직이기 위해서는 그와 유사한 권력을 가지고 있어야 한다. 정히 공식적으로 그러한 권한이 없다면 그런 부서에서 근무하는 사람들과 친해지면 된다. 그런 사람들을 후광효과로 잘 활용하라는 것이다. 그래서 다른 사람으로 인하여 자기와 친하게 지내면 자기가 잘못을 했을 때 그런 사람의 도움을 받을 수 있다고 생각하게끔 만들어야 한다.

다른 사람의 행동을 통제하고 이를 감찰할 수 있는 특권을 가지고 있으면 그 사람을 보는 자체만으로 일순간 긴장하게 되고, 그 사람의 말 한마디에도 크게 신경을 쓴다. 자기가 하는 말에 긴장한다는 것은 그 사람을 자기 마음대로 움직이게 할 수 있는 여건이 조성된 것이라고 볼 수 있다. 그러므로 다른 사람을 내 마음대로 움직이게 하기 위해서는 다른 사람에게 두려움을 줄 수 있는 특별한 권력을 지녀야 한다.

권력을 주면 본성을 드러낸다

만약의 경우, 다른 사람을 움직이게 하려고 하는데 그가 안하무인이라면 그 사람이 실수하도록 유도해서 불안한 마음을 갖도록 하는 것이 중요하다. 이를 위해서는 그런 사람일수록 자기 마음대로 할 수 있도록 방치하고 임시로 무한 권력을 주어야 한다.

사람은 본능적으로 돈과 권력을 쥐어 주면 부패하게 마련이다. 돈과 권력 안에서 순수한 마음으로 선하게 오래도록 지내는 사람은 드물다. 견물생심見物生心이라는 말처럼 사람은 권력을 가지고 있으면 뭐든 자기 마음대로 하고 싶어 하는 욕망이 있다.

그러므로 자기 실력을 자만하면서 남의 말을 듣지 않고 잘난 사람처럼 행동하면 그 사람이 원 없이 자기가 가진 힘을 발휘하도록 판을 깔아 주어야 한다. 그러면 그 사람은 언젠가는 크게 실수하게 마련이다. 실수하면 그것을 빌미로 그 사람으로 하여금 내가 원하는 것을 하도록 만들어야 한다.

예컨대 인생을 살면서 자기 마음대로 모든 것이 안 된다는 것을 느낄 때, 사람은 겸손해진다. 태풍이나 홍수, 그리고 지진 등의 피해를 입어 보면 자연의 힘이 얼마나 거대하고 무서운지를 알게 된다. 그래서 자연에 순응하게 된다. 또 사람은 병에 들고 아파 봐야 건강의 소중함을 알게 되며, 가난한 상황에 처해 봐야 돈이 얼마나 소중하고 귀한지를 알게 되어 이후에는 근검절약하는 삶을 살게 된다.

자기의 아바타를 만든다

하느님이 바쁠 때에는 어머니를 보낸다고 말한다. 하느님도 바쁜데 바쁘지 않은 사람이 어디 있으랴. 사람들은 누구나 바쁘다. 바쁘다는 말을 하지 않으면 할 말이 없을 정도로 사람들은 입에 연신 "바쁘다"라는 말을 달고 산다. 물론 바쁜 것은 좋은 것이다. 특히 요즘처럼 일이 없어 구조조정을 당하는 시기에 바쁘다는 것은 좋은 것이다.

하지만 맹자는 바쁘다는 것은 자기를 잃는 것이라고 말한다. 아울러 자기의 잃어버린 마음을 다시금 잡기 위해서는 배우고 익히는 학문을 해야 한다고 말한다. 그렇다. 바쁜 것을 잠재우기 위한 가장 좋은 방법은 배우고 익히는 것이다. 그것이 바쁜 마음을 여유롭게 한다.

직원들을 움직이기 위해서는 자기가 바쁠 때 자기의 역할을 대신해 줄 수 있는 사람을 곁에 두어야 한다. 특히 조직의 수장인 경우에는 조직에서 일어나는 수많은 일들을 혼자 다할 수 없기에 크게 중요하지 않는 일이나 굳이 자기가 직접 나서지 않아도 되는 일은 자기 참모나 다른 사람에게 맡겨야 한다. 그러기 위해서는 평상시에 자기의 철학을 잘 알고 자기의 마음을 읽고 다른 사람에게 일을 시킬 수 있는 사람을 곁에 두어야 한다.

자기 아바타를 만드는 가장 좋은 방법은 자기 곁에서 비서 역할을 하도록 하는 것이다. 그러면 자기가 하는 업무 방식을 배우게 되고 그 나름으로 눈치 있게 자기의 스타일에 맞는 업무 방식을 알게 된다. 또한 직원에게 일정한 업무 노하우를 알려 주어야 하고, 자기가 보는 큰 그림을 직원이 볼 수 있도록 교육해야 한다.

생각하게 만든다

직원들을 움직이기 위한 전초 작업으로 먼저 해야 할 일은 그들에게 일을 시키기 전에 그 일에 대해서 생각할 수 있는 시간적인 기회를 제공하는 것이다.

일례로 특정한 설비를 개선한다면 그 설비를 함께 학습하고, 설비에 대한 문제점에 대해서 생각해 보라고 미리 언질을 해 줘야 한다. 그리고 그 설비의 특성과 그간에 가동한 이력에 관한 자료를 제공해서 스스로 그 설비에 대해서 생각을 정리할 수 있도록 여유를 주어야 한다. 그렇게 생각하는 과정에서 그 설비에 대한 문제점을 해결할 수 있는 개선 아이디어를 생각하게 된다.

일반적으로 사람들은 먼저 어떠한 대상에 대해서 생각하면 그 생각에 기인하여 감정이 생기고 그 감정에 기인하여 행동한다. 그래서 생각이 바뀌면 행동이 바뀌고 행동이 바뀌면 습관이 바뀌고 습관이 바뀌면 운명이 바뀐다. 그러므로 직원들을 자기 생각대로 움직이기 위해서는 자기가 갖고 있는 생각을 그들에게 충분히 전달해야 하고, 그 생각에 기인하여 감정이 싹트도록 해야 한다. 단순히 지적하고 지시나 지침을 내리는 것은 죽어 있는 행동이다.

자극을 가한다

직원들이 생각하게 하는 가장 좋은 방법은 자극을 주는 것이다. 사람은 정신적인 충격과 물리적인 자극에 의해서 그 대상을 생각하게 된다. 생각한다는 것은 두뇌에 길을 내는 것과 같다. 늘 같은 길을 다니던 사람에게 갑자기 한 번도 가 보지 않은 낯선 길을 가게 하는 것은 그를 당황하게 만들어 생각의 길을 잃어버리게 하는 단초가 된다.

그러므로 평상시 하던 생각에서 벗어나 자기가 시키고자 하는 대상에 대해서 스스로 생각의 길을 낼 수 있도록 사전에 충분히 생각의 포석을 두게 만들어야 한다. 그 방법 중 제일 좋은 방법은 기존의 생각보다 더 강한 자극을 줄 수 있는 생각을 전달하는 것이다.

예컨대 직장 상사들이 흔히 금요일 퇴근 무렵에 오더를 내리고 지시와 지침을 내리는 것은 부하 직원이 휴일에도 자기가 말한 업무 지시 내용에 대해서 생각해 보고 월요일에 출근하여 어떻게 할 것인가를 미리 생각하게 만들고, 새로운 한 주간에 무엇을 어떻게 할 것인지에 대한 계획을 세우게 하기 위함에 있다. 즉, 휴일에도 부하 직원의 생각을 통제하기 위해서 금요일 퇴근 무렵에 정신적인 자극을 주는 것이다.

이때 일처리가 더딘 사람들은 휴일에도 충분히 여유를 즐기지 못하고 출근해서 일을 하는 경우가 생긴다. 그러므로 부하를 자기 마음대로 움직이게 하기 위한 요량으로 상사들이 퇴근 무렵이나 휴일 직전에 그러한 방법을 활용한다는 점을 인지하고, 없는 걱정도 사서 휴일에 지시된 내용으로 미리 정신적인 스트레스를 받지 말아야 한다.

아울러 상사 역시 부하 직원이 휴일에는 평안한 시간을 보낼 수 있도록 퇴근 직전에는 가급적 정신적이고 심리적인 부담을 주는 업무 지시를 하지 않는 것이 좋다.

멈추지 않는다

직원들을 움직이기 위해서는 계속해서 코칭 하는 등 직원들이 자기에게 부여받은 일을 망각하지 않고 행동할 수 있도록 관리해야 한다. 직원이 근성을 가지게 하기 위해서는 일을 시키는 사람에게도 근성이 있어야 한다. 직원은 가장 우선적으로 개인적인 이익이 없는 일은 우선순위에 두지 않는다. 지진이나 태풍으로 인해서 세상에 난리가 났어도 자기 목줄에 걸린 가시로 인한 고통이 더 크게 느껴지는 것이 사람의 본능이다.

눈에서 멀어지면 마음에서도 멀어진다는 말이 있듯이, 사람들은 보지 않으면 망각하는 동물이다. 자기가 잊으려고 하지 않아도 자기도 모르게 망각하는 것이 본능이다. 그런 본능을 인위적으로 관리하기 위해서는 직원에게 자신이 다른 사람과 비교하여 어떤 과정에서 일을 하고 있는지에 대한 가시적인 활동 플랜을 마련해 주어야 한다. 자기가 한눈에 알 수 있고, 다른 사람이 봐도 한눈에 알 수 있게 해야 한다.

정점 촬영을 하게 한다

많은 직장인들이 자기에게 사적으로 이익이 있을 때만 움직이려고 한다. 그러다 보니 공적으로 해야 하는 일은 의무적으로 자기 빙어 자원에서 혼신의 힘을 다하지 않고 그 순간만 무사히 잘 넘기면 될 것이라고 생각하는 사람들이 많다.

그러므로 직원들을 항상 감시해야 한다. 그래서 직원들로 하여금 전적으로 당신을 믿지만 그래도 근거를 남겨야 하니 과정이나 실적을 기록으로 남겨 달라고 해야 한다. 특히 자기가 직접 자주 보지 못하는 상황에 처해 있다면 현장에서 개선 전 상태를 사진으로 남기고 개선 후 그 결과를 다시금 사진으로 남기게 해야 한다.

이때 해야 하는 사진 촬영 기법이 정점 촬영이다. 정점 촬영은 개선 전에 촬영을 했던 동일한 조건으로 동일한 장소를 처음에 촬영했던 각도에서 촬영하는 것을 말한다. 이렇게 정점 촬영을 하면 개선 전과 개선 후가 확연히 비교되어, 변화되고 개선된 곳이 어디인지를 쉽게 발견할 수 있다.

그렇게 하면 직접 현장에서 일을 하는 과정을 모니터링하지 않아도 정점 촬영한 리스트를 보고 자기가 시켰던 일이 어느 정도 진행되고 있는지를 손쉽게 확인할 수 있다. 또 직원들이 자기가 활동했던 것에 대해 변화되는 전후 상태의 결과를 봄으로써 스스로 성취감과 보람을 느끼게 된다.

변화를 거듭한다

정석과 기습을 병행해서 해야 하는 이유는 직원들에게 혼란을 일으키기 위함이 아니라, 주도권을 자기가 계속 가져가기 위함에 있다. 직원들이 계속해서 같은 일을 반복하게 되면 직원이 그 일에 대해서 전문가가 되고, 그 일에 대한 주도권을 잡아 가게 된다. 그런 경우에는 프로세스와 시스템의 개선을 요구해야 한다. 그 일에 대해서 가장 잘 알고 있기 때문에 그 일에 대한 맹점이 무엇이고, 그 일을 더 잘하기 위해서는 어느 지점을 개선해야 하는가를 누구보다 잘 알고 있는 사람이 바로 실무자다.

배달사고를 조심한다

배달사고라는 말이 있다. 심부름을 하는 사람이 제대로 하지 않고 중간에서 본래의 취지와는 다르게 전달하는 경우, 중간에서 배달을 잘못했다고 해서 '배달사고'라고 한다. 이런 경우에는 결과도 처음에 기대했던 내용과는 다르게 나오고, 어떤 경우에는 전혀 예상하지 못한 방향으로 일이 전개되어 오히려 안 하느니보다 못한 경우가 생기기도 한다.

그러므로 중간관리자를 통하여 조직원들에게 일을 시킬 때는 조직원 전원이 모여 있는 상태에서 일의 근본 취지와 목적, 그리고 업무를 지시했을 때 어떻게 처리해야 하는가에 대해서 보다 명확하게 이해시킨 후에 업무를 하게 해야 한다.

리더가 단 한 번에 말을 한다고 해서 다른 사람들이 단박에 알아듣는 것은 아니다. 그러므로 자기가 지침을 내린 내용이 조직원들에게 잘 전달되어 업무를 수행하고 있는지를 중간 과정에도 지속적으로 모니터링을 해야 한다. 그래서 잘못된 점이 있고 일의 방향이 자기가 원하는 방향으로 전개되지 않을 경우에는 이를 올바르게 잡아 주어야 한다.

아울러 업무를 지시하고 이를 행하는 프로세스와 업무 수행에 따른 규칙과 원칙을 정해서 일정한 기간이 지나면 조직원들이 정해진 프로세스와 원칙에 의해서 자율적으로 행동하도록 해야 한다.

과감하게 권위를 회수한다

 직원들을 움직이는 과정에서 자기가 부여받은 권력을 사적으로 사용하는 사람도 있기 마련이다. 그런 사람에게서는 과감하게 권력을 회수해야 한다. 조직에서 일을 하다 보면 회사의 일을 마치 자기 일처럼 혼신을 다해서 하는 사람이 있기 마련이다. 그야말로 주인의식이 강한 사람이다. 그런 사람들은 일을 헌신적으로 한다는 강점도 있지만, 시일이 지나면 진짜 자기가 조직의 주인이라는 착각 속에서 자기 마음대로 하려는 경향이 있다.

 누구 못지않게 일을 잘하고 누구에게 견줄 수 없이 투철한 사명감으로 일을 하지만, 시간이 흐르면 그러한 것이 자기가 다른 사람의 간섭을 꺼려하고 모든 것을 자기가 마음대로 하려고 한다. 그런 경우에는 과감하게 그 사람에게 주었던 권한을 회수해야 한다.

02 모든 것은 사랑으로 통한다

사랑하는 사람을 위하려는 마음은 누구나 갖는 마음이다. 가족을 위해서 어쩔 수 없이 그런 선택을 할 수밖에 없다는 사실을 누구나 이해한다. 또 어처구니없는 실수를 해 놓고서 사랑하는 가족들을 생각하다 보니 자기도 모르게 그러한 선택을 할 수밖에 없다고 말을 하면 대부분의 사람들이 그 의견에 대해서 공감한다.

사랑이 주는 힘은 크다

직원들을 움직이기 위해서는 그들이 사랑하는 사람을 건드려야 한다. 그래서 그 일을 하기 싫어해도 가족을 생각해서 어쩔 수 없이 선택하게 해야 한다. 특히 직장인의 경우, 상사로부터 많은 스트레스를 겪고 핀잔을 들어도 회사를 그만둘 수 없는 이유 중 하나는 가족을 생각하기 때문이다.

자기 성격대로라면 당장이라도 사직서를 던지고 싶지만 그래도 가족을 생각하면 입술을 깨물면서 참는다. 어렵고 힘든 일을 해야만 자기의 가족들이 행복해지고, 자기 한 사람의 희생으로 자기가 사랑하는 모든 가족들이 행복하게 웃으면서 살 수 있다는 생각에 아무리 힘들고 어려워도 그 순간을 참고 견뎌 낸다. 그것이 사람의 기본 도리이고 사람들이 갖는 가장 원초적인 감정이다. 이를 잘 활용해야 한다.

　우리네 삶의 목적과 의미는 자기가 사랑하는 사람을 위해서 사는 데 있다. 사랑하는 사람을 위해서 일하는 것이 행복이고, 그 일로 인해서 얻어진 열매를 사랑하는 사람과 함께 나누는 것이 삶의 보람이다. 가족은 이 세상 공통의 언어이고 사랑이라는 단어는 그 누구도 움직일 수 있는 감정적인 단어가 아닐 수 없다. 사랑하는 사람을 생각하면서 행복한 생활을 할 수 있는 일터가 가장 좋은 일터가 아닌가?

03 원수를 생각하면 힘이 난다

직원들을 움직이기 위해서는 때로는 그들이 분노를 일으킬 수 있도록 자극해야 한다. 좋은 말로 해서 듣지 않으면 두려움을 느끼도록 자극해야 한다.

분노를 유발한다

　좋은 말로 해서 말을 듣지 않으면 아주 강하게 자극해서 강압적으로 움직이게 하거나, 혹은 감정이 북받쳐서 거세게 나서도록 해야 한다. 이때 가장 좋은 것은 직원들이 스스로 분발하도록 하는 것이다. 와신상담臥薪嘗膽의 고사성어에서 말하듯, 사람은 철천지원수를 생각하면 쉽게 포기하지 않는다. 복수가 복수를 낳는다는 말이 있을 정도로 원수에게 앙갚음하기 위한 감정처럼 강한 자극을 주는 것은 없다.

이는 화가 나서 아니면 홧김에 하는 행동과는 사뭇 다른 성격을 띤다. 사랑하는 사람을 위해서 열정을 다하는 경우와 원수를 갚기 위해서 하는 열정은 서로 다르다. 사랑하는 사람을 위해서 하는 행동은 사랑과 정성이 가득한 따뜻한 온정이 스며 있는 경우라면, 원수에게 복수하기 위해서 하는 행동은 결연한 마음에서 오는 비장함이 담기게 된다.

어떤 경우에도 직원이 포기하지 않고 끝까지 선전할 수 있도록 에너지를 부여해야 하는데, 그것이 바로 와신상담에 상응하는 원수를 알게 하는 것이다. 특히 일의 성격이 평범한 사람이 하는 업무가 아니라면, 특별히 상처를 입은 사람, 마음에 큰 분노를 품고 있는 사람이 그러한 일을 하도록 하는 것이 좋다.

가상의 경쟁자를 만든다

직원들을 움직이기 위해서는 때로는 가상의 경쟁상대를 생각하면서 일을 하게 해야 한다. 권투 선수가 스파링 상대를 정해서 진짜 경쟁자와 싸워 보기 이전에 연습 상대로 경쟁자와 싸움을 하듯이 직원을 움직이기 위해서는 가상의 경쟁자를 만들어서 마치 진짜와 같이 직원들을 움직이는 수단으로 활용해야 한다.

자라 보고 놀란 가슴 솥뚜껑 보고 놀란다는 말이 있듯이 사람들은 경쟁자나 천적을 제시하면, 그로 인하여 자극을 받게 되고 자기도 모르게 경각심을 가지고 힘써 노력하게 마련이다.

04 사촌이 땅을 사면 배가 아프다

직원들을 움직이기 위해서는 그들의 질투심을 일으켜서 하기 싫은 마음을 없애야 한다. 하기 싫어도 질투심에 의해서 일을 하도록 만들어야 한다. 그렇게 하는 가장 좋은 방법은 자기가 시키는 일을 잘하는 사람과 일을 지시해도 이에 대해 부정적으로 일하는 사람의 무리를 나눠서 관리하는 것이다.

유형에 따라 구별할 줄 안다

자기가 일을 시키면 매우 긍정적으로 수긍하면서 일을 잘 해내는 그룹과 그렇지 않고 부정적이면서 반대를 일삼는 사람들의 그룹을 분리해 놓아야 한다. 즉, 어떤 사람이 적이고 어떤 사람이 아군인지를 구분해서 자기가 적이라고 생각하는 사람에게는 정보를 주지 않고, 또 자기의 아군이라고 생각하는 사람에게는 잘해 주면서 차별화를 기해야 한다. 그러면 자기의 일에 관심을 전혀 보이지 않는 사람이 시나브로 관심을 갖게 되고 자기가 부정적인 편으로 분류되었다는 사실을 눈치챘다면 다시금 자기도 긍정적인 편에 합류하기 위해서 태도를 달리할 것이다.

자기가 일을 시키면 잘하는 사람들은 측근으로, 그렇지 않는 보통 사람은 A급, B급, C급 등으로 나누어서 등급별로 예우를 달리하는 것이 좋다. 그런 연후에 그런 등급이 실제로 존재한다는 소문이 나도록 하고, 낮은 등급에 상응하는 사람들은 은근히 따돌리는 것이다. 그러면 직원이 알아서 긴다.

여기에서 중요한 것은 자기에게 힘이 있어야 한다는 사실이다. 힘이 있어야 그 힘에 의지하려고 사람들이 주변에 몰려들게 된다. 직원의 입장에서 당신의 말을 듣지 않아도 자기에게 손해 될 것이 없다고 생각하면 당신의 말을 잘 따르지 않는다. 그러므로 그들에게 아쉬운 것이 있어야 하고, 내 말을 듣지 않으면 직원들은 분명히 손해라고 느껴야 하며, 만일 그러지 못하다면 직원과 이해관계가 있는 사람을 연관시켜서 직원들의 질투심을 불러일으켜야 한다.

자기와 친근한 사람이 자기보다 잘나가면 시샘을 하게 된다. 또 특별한 사람이나 잘나가는 사람들이 하는 행동은 자기도 하고 싶어 한다. 중산층의 사람들이 상류층이 하는 행동을 따라 하고 싶어 하고 돈이 없어도 명품을 선호하는 사람들이 있듯이, 사람들은 현재보다 상위 수준에 해당하는 고급적인 일을 하고 싶어 한다.

그러므로 말을 잘 듣는 사람은 상류층에 편입시키고 말을 잘 듣지 않는 사람은 하류층에 편입시켜서 차별화하면 된다. 이때, 너무 눈에 드러나게 해서는 안 된다.

특별한 모임을 만들다

직원들을 움직이기 위해서는 그들을 특정한 단체에 속하게 하고 단체에 미션을 제공해서 직원이 그 일을 하도록 하는 것이 좋다. 이는 자기 손으로 직접 직원에게 일을 시키지 않고 제삼자의 힘을 빌어서 직원이 자기가 원하는 방향으로 움직이게 하는 것이다.

이 경우 직원을 내 뜻대로 움직이기 위해서는 직원이 특별한 단체에 소속되도록 하고 그 속에서 특별한 직책을 부여하여, 특별한 역할과 책임을 가지고 행동하도록 한다. 그러면 직원은 단체에 속하는 조직원으로서 개인적으로 싫어하는 일임에도 조직에 보탬이 되고 자기로 인하여 조직에 손해를 끼치지 않기 위해서 자기에게 부여된 일을 완수하게 된다.

무리지어 움직이게 한다

사람들은 사회적인 동물이여서 무리를 지어서 생활하려는 속성이 있다. 그래서 다른 무리에서 자기가 독자적으로 외톨이가 되는 것을 두려워한 나머지, 단체를 만들고 일정한 조직에 가입하게 된다. 그리고 조직의 일원으로서 자기가 조직을 위해서 뭔가 기여를 하고 싶어 하는 욕구가 있다. 즉, 조직의 일원으로서 아무것도 하지 않고 있기보다는 자기가 가진 역량이나 남과 다른 자기만의 특별한 재능을 조직을 위해 봉사함으로써 자기의 존재감을 드러내려는 경향이 있다.

그러므로 직접적으로 일을 시키기에는 명분이 약하고 다소 어려운 점이 있다면, 직원을 특정한 단체에 가입하게 함으로써 단체에 임무를 부여하고, 그 단체에 소속된 일원으로서 자기가 원하는 일을 하도록 사전에 포석을 두어야 한다. 그러면 직원들과 서먹서먹한 분위기를 유지하지 않아도 되고, 단체에 미션을 지속적으로 제공함으로써 그들을 계속해서 마음대로 움직일 수 있다.

05 힘을 주면 힘을 낸다

직원들을 움직이게 한다는 것은 그들이 의욕을 가지고 마음먹은 바를 행동하게 하는 것이다. 그런데 일을 시키면 말만 하고 행동하지 않는 사람들이 있다.

짐을 내리고 힘을 실어 준다

자기가 해야 한다는 것을 알고 있지만 실행하지 않는 사람을 움직이기 위해서는 마음먹은 바를 왜 실행하지 않는지, 또 행동하는 데 무엇이 장애가 되는지를 알아야 한다. 그래서 장애가 되는 부분은 제거해야 한다.

막상 누군가 일을 시키면 머리로는 이해하고 그것을 어떻게 실행해야겠다고 생각했다가 막상 현실에 부딪히면 이를 실행하지 않는 것은 자기가 생각했던 것과 목전에 닥친 현실이 다르기 때문이다. 자기가 직접 나서서 하는 일이라면 금방이라도 해치울 수 있지만, 자기가 아는 조직원들의 마음을 움직여서 이를 해결해야 하기에 제 마음대로 안 되는 경우가 많다.

이런 경우에는 어째서 자기가 지시한 일을 하지 않았는지, 왜 자기가 지시한 일정 안에서 일을 해결하지 못했는지를 질타하기보다는 그 일이 늦어진 이유와 조직원들이 움직이지 않는 근원적인 이유를 찾아서 그것을 해결해 주고 일이 잘 풀리도록 그들에게 힘을 실어 주어야 한다. 또 다른 조직원들이 직원에게 조직원을 움직일 수 있는 권한을 위임했음을 알게 해야 한다.

계속해서 힘을 실어 준다

간혹 어떤 리더는 일부러 과하게 업무 지시를 해 놓고 그것을 빌미로 직원들을 꾸짖는 경우가 있는데, 그것은 자기가 속이

좁은 사람임을 알리는 것과 같다. 그러므로 직원들에게 일을 시켜서 일이 잘못되면 그 책임이 전적으로 자기에게 있음을 알고 자기가 너무 무리하게 지시한 것은 아닌지, 너무 과중한 업무를 지시한 것은 아닌지를 돌아봐야 한다.

조직원들에게 업무 오더에 온전히 몰입하게 하는 것은 리더의 몫이다. 그렇지 않고 일을 과중하게 시키고 그것을 왜 하지 못했는지 질책하고 좋지 못한 결과가 나오면 나쁘게 평가하는 것은 바람직하지 않다.

직원들이 자기가 시키는 일을 시작했다는 것은 그들의 힘의 방향이 자기가 원하는 방향으로 움직였음을 의미한다. 그러므로 처음에 일을 시켜서 직원들이 움직였다고 해서 그것으로 모든 것이 끝나는 것이 아니다. 계속해서 그 일이 원만하게 이뤄지도록 옆에서 지원해 주어야 한다.

방패가 된다

직원들을 움직이기 위해서는 그들이 다른 사람으로부터 받는 시기와 실투를 막아 주어야 한다. 특히 시키는 일이 남이 부러워하는 일이라면 더욱더 다른 사람의 악성 루머나 소문으로부터 보호해 주어야 한다.

사람은 본능적으로 자기보다 잘나가는 사람은 끌어 내리려고 한다. 남이 하면 불륜이고 자기가 하면 로맨스라는 말이 있듯이, 자기와 이해관계를 가진 사람이 자기보다 잘나가는 꼴을 보지 못하는 사람들이 많다. 또 못 먹는 감은 찔러 보기라도 해야 직성이 풀리는 것처럼, 그 일을 할 수 있는 역량을 지니고 있지 않음에도 불구하고 음해한다.

특히 직장이라는 곳은 보이지 않는 적과 동침해야 하는 곳이다. 함께 일하는 동료도 인사 평가를 받아야 하는 시점에는 서로 경쟁자가 되고 한 사람이 승진하면 다른 사람은 자연히 쓰디쓴 고배를 마셔야 하는 제로섬의 게임이 진행되는 곳이 직장이다. 그러다 보니 자기편이 아니고 자기의 승진에 위해가 된다고 생각하는 사람에게는 온갖 시기의 말을 하고 정신적인 스트레스를 심하게 받도록 압박하는 사람들이 많다.

말이라는 것은 일단 구설수에 오르면 결국에는 거대한 고목도 나무를 갉아먹는 벌레에 의해서 넘어지듯이, 계속해서 시기하고 질투하는 사람들의 음모에 의해서 거짓이 진실로 둔갑하는 경우가 발생된다. 그러므로 그런 사람들로부터 직원이 오로지 일에 전념할 수 있도록 비바람을 막아 주어야 한다.

실수를 눈감아 준다

직원들을 움직이기 위해서는 그들의 실수를 너그럽게 수용할 줄 아는 포용력을 지녀야 한다. 한번 실수는 병가지상사라는 말이 있듯이, 실수는 성공의 과정에서 필연적으로 생기는 것이고 그러한 실수를 극복하고 다시금 일어서서 계속 경주하는 것이 성공이다. 그러므로 실수했다고 너무 질책하지 말아야 한다. 실수를 너그럽게 포용하되 동일한 실수를 반복하지 않도록 해야 한다.

일을 시켜 놓고 실수했다고 계속 질책하다 보면 새롭게 도전하려는 마음보다는 실수하지 않으려고 안정을 추구하려는 마음이 생기게 마련이다. 그러므로 직원이 실수했다면 그 실수를 통해서 배울 수 있는 것은 무엇인지를 찾아서 함께 학습하고, 동일한 실수가 재발되지 않도록 프로세스를 구축해야 한다.

즉, 프로세스와 시스템에는 실수했을 때 어떻게 대응할 것인지에 대한 대응책도 마련해 두어야 한다. 그래서 2차 사고가 발생되지 않도록 해야 한다. 왜냐하면 불행은 혼자 오지 않고 함께 온다는 말이 있듯이 단 한 번의 실수가 다른 실수를 연달아 발생시키는 원인이 될 수도 있기 때문이다.

코치가 된다

직원들을 움직이기 위해서는 그들의 코치가 되어야 한다. 지시하고 통제하는 사람이 아니라, 직원들이 가진 잠재능력을 깨워서 스스로 문제를 해결할 수 있도록 지도하는 코치가 되어야 한다. 대개의 많은 사람들이 일찍 성과를 내려 하고 일을 시켜서 빨리 자기가 원하는 수준에 도달하게 하기 위해서 강압적으로 직원들에게 지시하는 경우가 많다. 그러면 직원들이 주눅 든 나머지 자신의 역량을 최대한 발휘하지 못한다.

사람들은 각기 자기 나름의 잠재능력이 있기 마련이다. 그것이 발휘되도록 옆에서 독려하고 지원해 주고 성원하는 코치가 되어야 한다. 할 수 있다는 신념과 스스로 해결 방안을 찾아서 자발적으로 열정을 다할 수 있도록 힘과 용기를 불어넣어 주어야 한다. 그러기 위해서는 직원들을 잘 관찰해야 하고 그들에게 필요한 역량을 스스로 노력하여 기를 수 있도록 가이드를 해 주어야 한다.

또 자기가 모든 것을 알고 있고 일을 풀어 가는 해답을 알고 있어도 그 답을 가르쳐 주어서는 안 된다. 왜냐하면 그 답은 직원의 답이 아니기 때문이다. 사람은 스스로 느끼고 깨달아야 자기 안에 있는 잠재능력이 최대한 발현되기 마련이다. 그러므로 시간이 다소 걸려도 자기의 고정관념을 스스로 깨고 나올 수 있도록 해야 한다.

마크 트웨인이 말했듯이 사람도 성장하기 위해서는 자기의 알을 깨고 새로운 세상으로 자기를 드러내어야 한다. 코칭이 바로 자기 스스로 자기가 가고자 하는 새로운 세상을 열어 가는 과정이다. 그러기 위해서는 직원들에게 희망을 주어야 하고, 그들이 스스로 원하는 새로운 세상에 대한 정의를 내릴 수 있도록 그들의 성공에 도움을 주는 코치가 되어야 한다.

06 렌터카는 세차를 안 한다

직원들을 움직이기 위해서는 그들에게 자기의 일이라고 느끼게 하는 것이 중요하다. 그래서 일을 시키기에 앞서 일의 의미와 그 일을 왜 해야 하는지에 대한 목적, 그리고 그 일이 왜 중요한 일인지를 알게 하는 단계가 필요하다.

일의 속성을 안다

아는 만큼 보이고, 보이는 만큼 느끼며, 느끼는 만큼 행동한다는 말처럼 직원을 움직이기 위해서는 먼저 알게 하는 것이 중요하다. 특히 일을 시키는 사람은 직원이 일을 대할 때 자기 일을 대하는 마음으로 일을 할 수 있도록 일이 갖는 속성과 특징과 목적을 잘 알게 해야 한다.

실제로 직장에서는 리더와 경영자, 경영자와 직원이 일을 대하는 자세는 다르다. 이처럼 그 일을 다루는 목적과 일을 대하는 관점이 다른 것은 각각이 처한 위치가 다르기 때문이다. 그래서 상사가 중요하게 생각하는 일도 부하 직원의 경우에는 별스러운 일이 아닐 것이라고 생각할 수도 있고, 중요하지 않은 일을 중요한 일이라고 오판할 수 있다.

그러므로 일을 시키는 사람은 직원에게 그 일을 왜 해야 하며, 그 일을 하는 목적과 그 일이 지니고 있는 중요성에 대해서 충분히 이해시킨 상태에서 일을 시켜야 한다. 아울러 그 일을 하는 목적은 조직과 개인의 발전을 위해서 함께해야 하는 일임을 인지시켜야 한다. 그래야 일을 하는 입장에서 남의 일을 대하는 태도가 아니라, 주인의식을 갖게 된다.

주인 대우하면 주인 노릇 한다

 그렇다면 직원들이 일을 할 때 그 일이 자기 일이라는 생각으로 할 수 있게 하기 위해서는 어떻게 해야 하는가? 첫째는 직원들에게 일에 대한 속성과 일의 중요성에 대해서 알게 하는 것이다. 그래서 그들로 하여금 일을 대함에 있어서 정성스러운 마음으로 대하게 해야 한다.
 둘째는 일의 결과에 따라서 각자 그 결실을 수확하게 해야 한다. 또 일이 잘될 경우에는 그에 따라 직원들에게 보상되는 것이 많다는 것을 알게 한다. 그래서 일을 열심히 하면 씨를 뿌린 만큼 결실을 맺고 땀을 흘린 만큼 그에 따른 대가를 제공받을 수 있음을 알려야 한다.
 셋째는 자기 뜻대로 일하되 최소한 기본적으로 지켜야 할 것은 지키게 해야 한다. 아울러 크게 그릇됨이 없다면 직원들에게 전적으로 일을 맡겨야 한다. 일을 시켜 놓고서 일이 잘못될까 불안해서 전전긍긍하고 있다면, 이는 직원들을 온전히 믿지 못하는 것이고 전적으로 신뢰하지 않는 것이라고 볼 수 있다.

아울러 일을 시켰지만 일이 잘되게 하기 위해서는 자기가 가진 역량이나 권한이 더 필요하다면 언제든지 직원들이 마음대로 자기의 권력을 활용할 수 있게 하고, 자기도 그 일을 함에서 직원들의 뜻에 따를 필요가 있을 때는 그들의 말을 따라야 한다.

이용당한다는 생각이 들지 않도록 한다

직원들을 움직이기 위해서는 그들이 하는 일이 개인과 조직을 위한 일이라는 것을 알게 해야 한다. 아울러 직원들이 단순히 자기는 소모품으로 이용당한다는 생각이 들지 않도록 해야 한다.

직장 생활을 하다 보면 개인의 성과만을 생각하는 상사도 있다. 그런 상사는 부하의 성장에는 크게 신경 쓰지 않는다. 오로지 자기 성장과 개인의 이익을 취하기 위해서 부하를 이용한다. 그런 사람의 일을 하고 있노라면 자기가 이용당하고 있다는 생각을 하게 된다. 그러므로 개인의 이익보다는 조직의 이익을 위해서 당신이 해야 하는 일이라는 것을 알게 해야 한다.

또 평상시에 직원들에게 일을 시킬 때 사적으로 개인의 이익을 위해서 하는 것이라는 오해를 받을 수 있는 일은 시키지 말아야 한다. 그리고 일의 성과를 나눌 때, 직원이 직접적으로 많은 일을 했다면 그에 상응하는 보상을 넘치도록 해 줘야 한다. 그렇지 않고 재주는 곰이 부리고 돈을 주인이 챙긴다는 식으로 직원을 부려 먹는다면 그 관계는 오래 지속되지 않는다.

마음의 여유를 갖게 한다

　일을 함에 있어서 마음에 여유가 있으면 비교적 많은 일을 할 수 있다. 또 일을 함에 있어서 자기 스스로 즐거움을 가지고 일을 할 수 있기 때문에 더욱더 효율적이고 효과적으로 일할 수 있다는 이점이 있다. 그러므로 기술력과 연륜과 사기가 충전해 있는 사람에게 일을 시킬 때는 자율에 맡겨야 한다. 즉, 일의 방향만 제시하고 알아서 하도록 하는 것이 보다 더 많은 효과를 얻을 수 있다.

　하지만 이를 중간중간에 관리·감독하다 보면, 일을 시키는 것만 하기 때문에 자율과 창의가 어우러진 일의 결과를 얻을 수 없다. 또 일을 시키는 기술력이 뛰어나지만 의지가 약한 사람에게는 사기를 올려 줄 수 있는 동기를 부여하고, 기술력과 의지가 둘 다 저조한 사람에게는 지시와 지침을 주는 형태로 관리해야 한다.

　그런 원리와 원칙을 알지 못한 채 단순히 기술력과 의지와는 상관없이 자기가 하고 싶어 하는 일을 자기 마음대로 하게 만들기 위해서 억지를 쓰고 무지막지하게 매너 없이 일을 시키는 상사도 있는데, 그런 상사의 곁에는 좋은 인재가 남아날 수 없다.

07 작은 차이가 승패를 결정한다 👥

가장 위대한 것은 어리석음이라는 말이 있듯이, 사람을 움직이게 하기 위해서는 왠지 허술한 듯하면서 경우에 따라 아주 치밀한 사람이라는 인상을 풍겨야 한다.

사소한 것이 사소한 것이 아니다

직원들을 움직이기 위해서는 평상시 일을 함에 있어서 남들이 전혀 신경 쓰지 않는 아주 사소한 것까지도 신경 써야 한다. 직원들이 생각하기에 리더로서 어떻게 세심하게 저런 부분까지 신경 쓰는가 하는 생각이 들도록 해야 한다.

낚시를 즐기는 사람이 어느 날 배를 수리하는 사람에게 배의 엔진 수리를 맡겼다. 배를 수리하는 사람이 엔진을 수리하자, 그의 아들이 배를 타고 바다로 낚시를 떠났다. 나중에 그 사실을 알게 된 아버지는 바다에서 배가 전복되어 아들이 죽을 것이라고 생각했다. 그래서 노심초사하고 있는데, 다행히도 아들이 바다에서 무사히 돌아왔다. 아버지는 혹시나 하는 마음에 배의 바닥에 구멍이 있는지를 서둘러서 확인하러 갔다. 그런데 그 배 바닥의 구멍이 났던 부분이 말끔하게 수리되어 있었다. 배를 수리하는 사람이 엔진을 수리하면서 배의 바닥에 구멍이 난 것을 확인하고는, 말을 하지 않았지만 그곳까지 수리해 놨던 것이다.

 이처럼 무슨 일을 할 때는 그 일에만 국한해서 일을 하지 않고 그 주변의 상황을 예의 주시하며 전반적으로 그 일과 관련한 모든 것을 헤아려 보는 통찰력을 지녀야 한다. 그것이 바로 디테일의 힘이다.

다방면을 고려한다

 직장에서 일을 할 때도 평소에 주변에서 들리는 정보를 잘 분석해서, 그 징후를 토대로 향후 무슨 일이 일어날지를 예견해야 한다. 가장 중요한 것은 자기의 일에만 너무 빠져 있지 않고 주변의 돌아가는 판세를 명확하게 잘 인지하는 것이다. 아울러 일이 이뤄지는 프로세스와 그 일과 관련된 사람, 그 일에 영향을 주는 요인, 그 일에 연관된 다른 일들도 꿰고 있어야 한다.

 예컨대 혁신에 대한 업무를 하고 있다면 변화와 의식개혁 그리고 혁신 프로세스만을 아는 것이 아니라, 원가와 품질 그리고 기술 경쟁력과 생산 등 전반적인 사항에 대해서 알아야 한다. 또 혁신의 주도적인 세력과 혁신에 반하는 세력은 누구인지 누가 언제 어디에서 무슨 혁신 활동을 하고 있는지에 관한 모든 것을 꿰고 있어야 한다. 그러면서 일의 흐름을 예의 주시하면서 일이 잘못될 것이라는 생각이 들면 간섭해야 한다.

보고서를 상세하게 검토한다

직원들을 움직이기 위해서는 그들이 항상 감시 상태에 있고 늘 자기가 예의 주시하고 있다는 생각이 들도록 해야 한다. 직원들의 입장에서 생각할 때 당신이 함부로 할 수 없는 사람이고 매우 꼼꼼하며, 한번 지시한 사항에 대해서는 이를 쉽게 망각하지 않고 반드시 뒤에 확실하게 확인하는 사람임을 알게 해야 한다. 그래야 일단 지시한 사항에 대해서도 간과하지 않고 실행하게 된다.

예컨대 루즈벨트 대통령이 백악관 정원사들과 인부들의 이름을 모두 알아보았듯이 직원 입장에서는 상사가 나에 대해서 이렇게 사소한 것까지도 알고 있을까 하는 것까지도 알고 있어야 한다. 직원이 생각하기에 설마 상사가 그런 하찮은 것까지 알고 있을까 싶은 것도 아는 정도가 되어야 한다.

간혹 상사에게 보고서를 올리면 이상하게 내용에 대해서는 피드백을 하지 않고 오탈자를 이야기하는 경우가 있다. 오탈자를 이야기하는 것은 그만큼 아주 상세하고 정밀하게 그 일에 대해서 관심을 가지고 있음을 알리는 것이다.

아울러 일에 관한 보고를 받고 피드백을 할 때는 직원보다 더 전문적이고 깊이 있는 지식을 가지고 있음을 은근히 보여야 한다. 또 직원의 입장에서 정말로 몰라서 깊이 있는 지식을 배우려는 의도가 보인다면 그에게 좋은 것을 알려 주어야 하고, 자기가 알고 있는 깊이 있는 지식과 다른 사람들에게 쉽게 배울 수 없는 전문적 지식을 알게 해야 한다.

08 상황에 따라 카드를 달리한다

『한비자』를 읽으면 군주가 나라를 다스리기 위해서 저렇게까지 해야 하는가라는 생각도 든다. 특히 군주는 권력을 유지하기 위해서는 그 누구도 믿지 말아야 하며, 남에게 의존하지 말라고 말한다. 또 군주는 모든 사람을 의심하고 감시해야 하며 사람들이 서로 감시하고 견제하고 고발하도록 해야 한다고 말한다.

치졸하게 이렇게까지 해야 하나 싶은 생각이 든다. 그런데 한비자가 죽은 지 2천 년이 넘었지만 아직도 현실에서는 권력을 유지하기 위해 그가 말한 것보다 더 치졸하고 교묘한 방법을 사용하는 경우가 많다.

대가를 치르게 한다

직원들을 움직이기 위해서는 서로가 맺은 약속에 대해서는 반드시 실행하도록 해야 한다. 또 직원이 약속을 어길 때에는 그에 대한 대가를 혹독하게 치른다는 것을 알게 해야 한다. 물론, 일을 시작하기 전에 약속을 어긴 사람은 혹독하게 그 대가를 치르게 했는지에 대한 사례를 알려 주어야 한다. 그렇지 않고 대충해도 그 사람은 별로 신경 쓰지 않는다는 인식이 새겨지면 그 사람뿐 아니라 다른 사람들도 당신을 대할 때 별달리 긴장하지 않게 된다.

  좋은 사람과 일을 제대로 하는 사람은 다르다. 즉, 일을 할 때는 공사를 분명하게 하고, 상벌을 정해서 그 기준에 입각하여 엄벌에 처하거나 포상해야 한다. 공사를 구분하지 못하고 약속을 어겨도 그러려니 하는 생각으로 직원들을 대하면, 결국은 장기적으로 볼 때 다른 일을 할 때도 그러한 현상을 보인다. 그러므로 한번 걸려들면 본때를 보여 준다는 생각으로 엄격한 잣대를 들이대서 끝마무리를 분명하게 해야 한다.

한비자의 교훈

『한비자』에서도 벌은 크게 내리고 상은 작게 천천히 내리라고 말한다. 벌을 내릴 때에는 아주 크게 내려야 하고, 상을 줄 때는 감칠맛이 나도록 작은 것부터 점진적으로 늘려 가면서 주어야 한다고 말한다. 이것은 상과 벌을 잘 활용하면 인간의 심리를 잘 이용할 수 있음을 의미한다.

  그런데 이러한 것도 직원이 처한 상황과 성향에 따라 다르게 해야 한다. 어떤 경우에는 벌을 주어야 하는 경우에 오히려 상을 주어야 하는 경우도 있다. 예컨대 위험을 무릅쓰고 일을 했는데 실수한 경우나 혹은 뜻하지 않은 상황에서 일이 잘되도록 모든 것을 걸고 일에 매진했음에도 실패한 경우다.

또 벌을 주면 안 되는 사람이 있다. 벌을 주지 않아도 자기 스스로 자기가 마음 아파하며 얼마든지 자력갱생의 역량이 있는 사람은 벌을 주기보다는 용기를 잃지 않도록 동기 부여를 해야 한다. 그런 사람들은 자기 스스로 해답을 찾아서 다음에는 더 큰일을 해낼 사람이다. 당장 손해를 보더라도 향후 미래에 큰 성과를 기대하는 입장에서 그런 사람들은 벌보다는 상을 주거나, 아무런 벌을 내리지 않고 그대로 놓아두어야 한다. 스스로 반성해서 스스로 해답을 찾아 매진하라는 의미에서 말이다.

하얀 거짓말을 한다

직원들에게 일을 시키기 위해서는 필요하다면 거짓말도 그것이 참말이라고 우겨야 한다. 필요에 의해서 직원들에게 거짓말을 해야 하고 혼란스럽게 해서 그들을 자기 영향력 아래에 두어야 한다.

특히 힘이 없다면 마치 힘이 있는 듯이 하고, 『도덕경』 36장의 미명에서 말하듯이 직원에게 자기의 속마음을 드러내지 않으면서 직원이 자기의 마음에 따라서 움직이게 해야 한다. 빼앗을 생각을 한다면 먼저 주어야 하고, 직원을 굴복시키려면 먼저 직원을 교만하게 만들어야 한다.

　세상의 모든 것이 법과 원칙에 의해서 돌아갈 것이라고 생각하는 것은 매우 순진한 생각이다. 법의 망을 피하고 원칙을 지키면서 사는 사람보다 그렇지 않고 사는 사람들이 잘 사는 세상이 정의로운 사회는 아닌데, 그런 사람들이 더 잘 살고 있는 것은 왜일까?

　법이 모든 것을 보호해 주고 정의로운 사람들이 모두가 잘 사는 그런 세상은 아니다. 이전투구와 모략과 정치가 있는 난세 중의 난세다. 이러한 난세에는 특히 있는 그대로 자기의 모습을 보였다가는 결국은 언제 어느 때 쥐도 새도 모르게 제거될 수 있음을 알아야 한다.

09 재미가 참여를 이끈다 👥

　　　　　　일반적으로 사람은 고통을 피하고 쾌락을 느끼려고 한다. 또 남이 즐거워하는 모습을 보면 자기도 덩달아 즐거워하려는 경향이 있다.

즐겁게 한다

　마크트웨인의 『톰 소여의 모험』을 보면, 그의 친구들이 그가 즐겁게 페인트칠하는 모습을 보고 내심 즐거워 자기도 하고 싶은 욕구가 생긴 것을 알 수 있다. 톰 소여는 그러한 친구들의 마음을 읽고서 친구들을 애타게 만들어, 결국은 친구들이 그것을 하게 한다. 친구들이 할까 말까 고민하는 선택의 기로에서 명확하게 획을 그은 그의 결정적인 한 방은 친구들이 하고 싶어 하는데도 못하게 한 것이다.

자기만이 할 수 있는 특권, 아무나 하지 못하는 것, 선택된 사람만 할 수 있다는 특별한 의식을 갖게 함과 동시에 금하면 하고 싶어 한다는 인간의 심리를 이용하여 친구들이 그것을 하지 못해서 안달이 나도록 한 것이다. 그래서 그 일을 하는 대신에 대가를 지불하고 할 수 있게 함으로써 친구들이 그것을 하는 것이 비용을 치를 정도로 중요한 것이라는 선입감을 갖도록 한 것이다.

가만히 있는 사람을 움직이게 하려면 위와 같이 움직이지 않으면 즐거움을 느낄 수 없다는 것을 알게 해야 한다. 또 톰 소여가 친구들에게 했던 것처럼, 아무나 할 수 없다는 것, 특별한 사람만 하는 것, 당신이 하려면 비용을 지불해야 할 정도로 중요한 일인데 특별히 당신이기에 할 수 있는 기회를 준다는 말을 하면서 특별히 선심을 쓰듯 말해야 한다. 아울러, 하고 싶어 하는 마음이 생길 즈음에 금지의 법칙을 들먹이면서 더욱 애타게 만들어야 한다.

열정적으로 행동한다

직원들을 움직이기 위해서는 그들에게 시키고자 하는 일에 자기가 중독되어야 한다. 일을 시키는 사람의 행동은 일을 하는 사람에게 미치는 영향이 크다. 일을 시키는 사람이 남에게 일을 시키고 자기는 다른 일을 하거나 딴청을 피우게 되면, 그 일을 하는 사람 역시 일에 대한 흥미를 느끼지 못한다. 하지만 일을 하는 사람이 열정을 가지고 혼신을 다해서 일하면 주변 사람의 호응까지도 이끌어 내는 효력이 발생한다.

세일즈맨들이 물건을 팔 때는 자기가 팔고자 하는 제품에 미쳐 있어야 하고 그야말로 누가 봐도 자기는 그 제품의 마니아라고 느끼게 하는 정도가 되어야 한다. 그러면 그러한 열정이 고객에게 전달되어 고객 감동으로 이어지고, 결국은 그 제품을 고객이 사게 된다.

자동차를 파는 세일즈맨이 자기는 H사의 자동차를 타면서 고객에게는 S사의 자동차를 사라고 하는 것은 모순이다. 자기가 S사의 자동차를 팔기 위해서는 진정으로 자기가 S사의 자동차에 흠뻑 빠져 있어야 한다. 또 직원에게 입에 거품을 물고 그 제품을 자랑할 정도로 그 제품에 대한 이해가 깊어야 하고, 그 자동차를 진정으로 사랑하는 마음을 가지고 있어야 한다. 그러면 그러한 사랑과 열정이 직원에게 전달되게 마련이다.

이와 같이 직원들을 움직이기 위해서는 자기가 먼저 일을 시키는 분야에 먼저 푹 빠져 있어야 한다. 그래야 직원도 그 일에 빠져 있는 당신의 모습에 매료되어 그 일을 하는 데 열정을 다하게 된다. 열정은 다른 사람에게 전염되는 속성이 있다. 일을 시키는 당사자가 열정적으로 일하면 그 사람에게 일을 받고 수행하는 사람 역시 열정적인 사람으로 거듭난다.

등급을 매긴다

직원들에게 일을 시킬 때에는 쉬운 것부터 점차적으로 어려운 것 순으로 시켜야 한다. 처음부터 너무 어려운 일을 시키면 직원이 일에 부담을 느낄 뿐 아니라 선뜻 실행하지 않는다.

직원들에게 일을 시킬 때는 그들이 그 일을 하는 과정에서 실력이 향상되고 기술 수준을 측정하여 공식적으로 인정해 줘야 한다. 예컨대 직장에서 기술력을 향상시키기 위해서는 일정한 수준에 등급을 부여하여 낮은 등급에서 높은 등급에 이르는 등급을 만들어서, 일정한 조건을 갖추면 그에 따른 등급을 부여해야 한다. 그러면 직원은 서서히 그 등급을 올리기 위해서 힘쓰게 되고, 더 나아가 자기 스스로 높은 등급을 차지하기 위해서 노력하게 된다.

아울러 일정한 등급에 오르면 그 등급에 상응하는 직책을 부여하는 등 낮은 수준의 등급에서는 쉽게 맛볼 수 없는 경험을 체험하게 해야 한다. 그리고 점점 경험의 자극이 세지도록 하고, 직원이 그 일에서 전문적인 달인으로 성장할 수 있도록 발판을 마련해 주어야 한다.

시나브로 변화시킨다

일을 함에 있어서 같은 일을 해도 게임하듯이 즐겁게 하기 위해서는 일정한 목표가 있어야 하고, 그 목표를 달성하면 스스로 쾌감을 느낄 수 있게 해야 한다. 일을 달성하는 정도에 따라서 일정한 힘을 주고 그 일을 함에 있어서 자기 스스로 보람이나 성취감을 느끼게 하면 스스로 일에 중독된다. 아니, 일이라고 하기보다는 게임을 한다는 생각을 하게 된다.

사실 일을 한다고 생각하기에 일이 되는 것이고, 그것을 게임으로 생각하는 사람은 즐거운 마음으로 일을 하게 된다. 그렇다. 그 일을 대하는 사람이 어떤 관점을 가지고 대하는가가 중요하다. 직원이 어느 한순간에 중독되는 것은 아니다. 시나브로 지속적으로 두드려야 일에 중독된다. 그러므로 처음부터 단박에 직원의 마음의 관점을 바꾸려고 하지 말고 시나브로 서서히 직원이 변화되도록 해야 한다.

10 역경이 경력이다

남을 다스리다 보면 일을 시켰을 때 계속해서 시키는 대로 잘하다가 일정한 한계에 도달하면 슬럼프에 빠지는 경우가 있다. 이런 경우는 대부분 일을 하는 입장에서 아무리 일을 해도 일의 성과가 잘 나오지 않고, 해도 해도 끝이 없다고 생각하기 때문이다.

새로움을 준다

일반적으로 사람들은 계속해서 동일한 일을 반복하는 것을 편안해하면서도 똑같은 일을 동일한 방법으로 계속하는 것을 가장 싫어한다. 그런 경우에는 뭔가 새로운 방법을 마련해서 일을 하는 사람의 입장에서 보다 새로운 흥미를 가지고 일을 할 수 있도록 해야 한다. 아인슈타인이 말했듯이, 새로운 결과를 원하면서 과거에 했던 동일한 방법을 고수하는 것은 바보 같은 행위다.

그러므로 그런 경우에는 일을 시키는 사람의 입장에서 보다 특단의 새로운 조치를 취해야 한다. 이때 가장 일반적으로 활용하는 방법은 바로 충분한 휴식을 주는 것이다. 조직원들이 잠시 일에서 벗어나 스스로 새로운 방법을 창안할 수 있는 시간적인 여유를 주고 인내하면서 기다려야 한다.

또, 앞서가는 조직이 이뤄 놓은 성과를 벤치마킹을 통해 동일한 과정을 먼저 경험한 사례들을 전파하여, 남들도 이러한 역경을 겪었고 그럼에도 불구하고 끈기와 근성을 가지고 계속했기에 이렇게 괄목할 만한 성과를 이룬 것임을 알려 주어야 한다.

아울러 잘한 것과 반성할 점은 무엇이고 향후에 진화하기 위해서 어떤 점에 주력할 것인가에 대해 서로 공감하는 자리를 마련해야 한다. 또 피할 수 없다면 즐기라는 말이 있듯이, 하지 않으면 안 되는 입장과 해야 한다는 측면에 대한 공식적인 자료를 배포하여 직원들 스스로 입장을 정리할 수 있는 기회를 제공해야 한다.

새로운 방법을 제공한다

잘하던 사람들이 일정한 지점에서 정체될 때는 뭔가 일하는 방식이나 관리 방식을 바꿔서 새롭게 도전의식을 불태우고 보다 생동감 있게 개선 활동에 임할 수 있도록 프로세스를 바꿔 주어야 한다. 누구나 계속해서 반복적으로 하는 일에는 매너리즘에 빠져 싫증을 느끼게 마련이다. 그러므로 그러한 징후가 느껴지면 곧바로 직원들의 관점을 바꾸는 혁신 활동을 전개하는 등 특단의 조치를 취해야 한다.

가장 이상적인 혁신은 전원이 참여하는 자율적인 활동인데, 그것이 제대로 이뤄지지 않는다면 극약처방으로 특정한 기간과 특정 구간을 정해서 이에 대한 개선 실행 여부를 날마다 체크하면서 공정 관리를 해 주는 것이 가장 이상적이다. 물론 그 단계에 이르기 전에 직원들이 보람을 느끼고 자율적으로 움직일 수 있게 하는 것이 가장 좋다.

11 상처 난 호랑이는 맹수가 아니다

직원들을 움직이기 위해서는 그들에게 약점을 보이지 않아야 한다. 사람들은 본능적으로 자기보다 강하다고 생각하는 사람의 말을 따르는 경향이 있다. 동정심에서 혹은 측은지심에서 직원의 말을 따르는 것은 일순간이다.

약해 보이면 당한다

사람들은 자기 힘이 강하다고 생각하면 그 힘을 시험해 보려는 경향이 있다. 그러므로 직원들이 그런 생각을 갖지 않도록 자기가 강하다는 사실을 인지시켜야 한다. 그러기 위해서는 자기의 약한 곳을 직원에게 드러내지 않아야 한다. 아무리 강한 힘을 가진 맹수도 깊은 상처를 입으면 다른 동물들이 달려들게 마련이다.

강자만이 살아남은 세상이다. 약하면 죽는다. 특히 요즘 같은 무한 경쟁의 시대에는 강해야 한다. 약하면 다른 사람들이 우습게 본다. 또 자기가 직원보다 힘이 강하면 자기의 힘을 과시하기 위해서 약자를 괴롭히는 경우도 있다.

적정한 거리를 유지한다

직원들에게 약점을 드러내지 않기 위해서는 그들과 일정한 거리를 유지하면서 신비감을 주어야 한다. 자기에 대한 모든 것을 적나라하게 드러내는 것이 직원들과의 진실한 관계를 유지하고 허물없이 투명한 관계가 지속될 것이라는 생각은 착각이다.

사람들은 다른 사람의 약점을 잡으면 그 약점을 이용하여 언제든지 배반을 일삼고 그 사람이 가지고 있는 지위를 빼앗으려는 정치력을 가지고 있다. 호시탐탐 먹이를 노리는 하이에나 같은 사람들이 많은 곳이 직장이다. 평상시에는 좋게 생각하고 서로 숨기는 것 없이 모든 것을 투명하게 드러내 놓은 사이이기에 무슨 일을 시켜도 그 사람이 자기를 믿고 무한 신뢰를 보일 것이라는 생각을 갖고 있다면 착각이다.

일장춘몽이다

직원들에게 일을 시킬 수 있는 위치에 있다는 것은 그들보다 서열이 높다는 것을 의미한다. 그러나 진정으로 직원들을 움직이기 위해서는 자기의 권력을 내려놓아야 한다. 즉, 자기에게 권력이 있다고 자랑하지 않아도 직원들은 그 권력 때문에 순종한다. 그런 직원들에게 자기가 권력을 잡고 있기에 그 어떤 변명도 하지 말고 을의 입장에서 갑이 말하는 것을 행해야 하고, 권력이 낮으니 당연히 권력이 높은 자기의 말에 군말 없이 따라야 한다고 하는 것은 인격 모욕을 가하는 것과 같다.

사람들은 다른 것은 어느 정도 참을 수 있지만 자기에게 모욕을 주거나 자기가 비인격적인 수모를 당했다고 생각하면 마음의 상처가 깊고 오래간다. 그러므로 항상 직원들에게 인격적으로 대해야 하고, 한 인간으로 존중해 줘야 한다. 권불십년權不十年이고 화무십일홍花無十日紅이다. 아무리 강한 권력도 십 년을 가지 않고 아무리 아름다운 꽃도 십 일을 넘기지 못한다. 권력의 무상함을 알아야 한다. 한번 잡은 권력을 오래도록 유지할 수 있는 것은 아니다. 시간과 상황은 언제든 변한다.

12 전문가로 예우하면 전문가처럼 행동한다

직원들을 움직이기 위해서는 그들을 전문가로 인정해 주어야 한다. 즉 다른 사람은 쉽게 할 수 없는 일이고, 그 일을 하기 위해서는 당신의 전문적인 지식이 필요하며, 그 일을 할 수 있는 사람은 유일하게 당신뿐이라는 것을 인지시켜 주어야 한다.

인정도 특권이다

사람은 인정의 동물이다. 다른 사람으로부터 자기가 특별한 사람임을 인정받으면 좋아한다. 그러므로 사람을 움직이기 위해서는 인정의 특권을 준다는 생각으로 상대방을 전문가로 대해야 한다. 그렇지 않고 자기의 자존심과 리더로서 권위의식을 가지고, 자기도 할 수 있지만 일의 속성상 이 일은 당신이 해줘야 한다는 태도로 일을 시키면 좋은 성과를 낼 수 없다.

그러므로 설령 자기가 직원보다 많은 전문지식을 가지고 있더라도 마치 전혀 생소한 분야를 대하는 초보자처럼 보여야 하고, 그들이 전문가가 아니더라도 전문가 이상의 예우를 해 주어야 한다. 사람은 본능적으로 자기가 잘 알고 있는 지식이나 경험을 다른 사람에게 알리고 싶어 한다. 그러한 인간의 속성을 잘 활용하는 방법은, 자기가 그 일에 대해서는 문외한이며 그 일에 관한 한 당신의 실력을 따를 수 있는 사람은 없다는 것을 강조하면서 직원을 전문가로 인정해 주는 것이다.

그러면 전문가답게 일을 하기 위해 전력을 다할 것이다. 설령 일을 하는 과정에서 어려움이 있어도 전문가로서의 권위와 그 자격을 유지하기 위해서 모르는 것은 찾아서 학습하고 일을 하다가 막히면 자기보다 더 실력이 좋은 사람에게 자문을 구해서라도 그 일을 해결할 것이다.

영웅으로 만든다

선천적으로 영웅이 있는 것은 아니다. 후천적인 노력과 함께 다른 사람들이 영웅으로 대하기에 그 사람이 영웅이 되는 것이다. 영웅인데 영웅으로 봐주지 않으면 영웅이 되지 못한다. 이처럼 영웅은 주변에서 만들어 주어야 한다.

조직에서 한 사람을 영웅으로 만들 수 있는 사람은 조직의 수장이다. 대부분의 경우 조직에서 특정한 사람을 영웅으로 만드는 이유는 다른 사람들에게 희망과 롤 모델이 되도록 함으로써 다른 사람들의 사기를 올리기 위해서다. 다른 사람들이 영웅을 롤 모델로 삼아 그 영웅을 닮아 가게 하고, 그 과정에서 조직원들이 희망과 비전을 가질 수 있도록 하기 위해 한 사람을 영웅으로 만든다.

이와 같은 영웅의 속성을 잘 활용해서 전문가로 인정하고 그 전문가가 일을 하면서 다른 사람들에게 그 일을 해결할 수 있는 지식을 전파하도록 함으로써 일도 이루고 자기 조직원들의 인재 양성에 이바지하는 일석다조의 효과를 얻을 수 있다.

독서를 하게 하는 방법

사람들은 책을 읽지 않는다. 책을 읽지 않는 사람들이 대부분 책을 안 보는 이유에 대해 시간이 없어서라고 말한다. 그렇다면 책을 읽어야 한다는 것을 알면서도 책을 읽지 않는 사람들이 책을 읽게 하기 위해서는 우선적으로 책을 읽지 않으면 안 되는 상황으로 분위기를 몰아가야 한다.

의무적으로 전체가 읽어서 그에 따른 독후감을 내도록 하거나 책을 읽고 느낀 점을 발표하도록 하는 등 독서 토론회를 여는 것이다. 일단은 읽지 않으면 그 책에 대한 이야기를 할 수 없고 그 책을 읽지 않고서는 조직원들의 상호 공감하는 단어를 말로 표현할 수 없는 상황으로 분위기를 만들어야 한다. 또 항상 책을 접할 수 있게 하고 책과 함께하는 행사를 자주 열어야 한다.

책을 읽어야 하는 이유와 목적은 책을 읽어 보면 알게 된다. 책을 읽다 보면 책을 왜 읽어야 하는지, 책을 보면 어떤 점이 좋은지를 스스로 알게 된다. 대부분 많은 리더들이 책을 본다. 자기가 성장해야 조직원들을 이끌 수 있고, 책을 보면서 언어 수준을 올려 보다 전문적이고 품위 있게 말을 할 수 있기 때문이다. 또 많은 사람들 앞에서 차분하게 조리 있고 품위 있게 말을 하기 위해서 책을 읽는다. 책을 읽어야 많은 사람들 앞에서 떨지 않고 자유자재로 말할 수 있고 전달하고자 하는 내용을 간단명료하게 직원에게 말할 수 있다.

13 완전히 방전되면 충전이 어렵다 👥

직원들을 움직이기 위해서는 끝까지 힘이 유지되어야 한다. 약육강식의 서바이벌 시대에는 강자가 약자를 다스리고 약자는 강에게 먹힐 수밖에 없는 세상이다. 대개의 경우, 강자는 권력을 가지고 있다. 강자는 자기 마음대로 약자를 다스리며, 약자는 살아남기 위해서 강자의 말을 들을 수밖에 없다. 그러한 생리를 강한 자들은 알고 있다.

힘은 방전된다

강자들은 자기의 말에 약자들이 순응하고 복종해서 자기가 시키는 대로 움직일 것임을 알고 있다. 그럼에도 불구하고 강자는 자기가 가지고 있는 권력의 힘을 80퍼센트만 사용해야 한다. 나머지 20퍼센트는 위기 상황에 처했을 때 자기 방어의 차원에서 힘을 비축하고 있어야 한다.

운동선수는 경기를 할 때 모든 힘을 다 쏟아야 한다고 말한다. 경기를 마친 선수가 경기를 마치고 힘이 펄펄하게 남아 있다면 경기에 최선을 다하지 않는 것이라고 한다. 그래서 많은 사람들이 모든 일을 함에 있어서 전력 질주를 하고 자기가 가진 힘을 모두 소비하려고 한다. 자기가 지닌 힘을 백 퍼센트 발휘하면 원하는 것을 얻을 수 있고 목숨 걸고 하는 사람이 성공한다고 배워 왔기 때문이다.

  하지만 단 한 번에 모든 것이 결정 나는 일이 아니다. 계속해서 혹은 끈기 있게 먼 미래를 봐야 한다. 오늘 이 시간에 모든 것을 다 퍼부어서 전력을 다하지 말고, 어느 정도 내일을 위해서 힘을 비축해야 한다. 오늘 경기에서 모든 것을 보여 주기보다는 어느 정도 여지를 남겨 두어야 한다. 마치 축구에서 이기고 있는 팀에서 주전선수를 후반에 다른 선수와 교체해서 쉬게 하는 것처럼, 어느 정도 자기의 힘을 비축해 두어야 한다.

  그래서 그 힘으로 직원을 지원하거나 혹은 비상시에 힘을 써야 한다. 일을 하는 과정에서 무슨 일이 발생될지는 아무도 모른다. 비상시국에 대비해 자기가 발휘할 수 있는 힘을 잘 비축해서 비상시에 활용해야 한다.

하지 않아도 되는 일은 제거한다

  직원들을 움직이기 위해서는 하지 않아도 되는 일은 과감히 줄여 주어야 한다. 일을 하다 보면 시대적인 상황과 환경이 변해서 하지 않아도 되는 일이 생기게 마련이다. 직장 생활을 하다 보면 일은 늘어나지, 결코 줄어들지 않는다. 이것이 바로 직장 생활의 생리이다.

  그런 점에 비춰 직원에게 일을 시킨 기간이 오래되었다면, 아니 일을 계속해서 시키는 입장이라면 일을 하는 과정에서 하지 않아도 되는 일은 없는지를 살펴서 하지 않아도 되는 일은 과감히 제거해야 한다. 이때 중요한 것은 사적인 이익을 위해서 하는 일은 없는지, 조직에서 필요로 하지 않는 일을 하고 있는 것은 아닌지, 현재의 시대적인 감각과는 매우 동떨어진 일은 아닌지를 생각해서 처리해야 한다는 점이다.

특히 직원에게 전권을 위임하는 경우, 직원의 입장에서는 무엇이 중요하고 어떤 것이 하지 않아도 되는 일인지를 모를 수 있다. 그러므로 일을 하는 과정에서 보고를 받거나 회의를 하면서 하지 않아도 되는 일을 하는 경우가 있다면 즉시 의사결정을 해 주어야 한다. 왜냐하면 직장에서 일을 하다 보면 간헐적으로 하게 되는 일도 있고 분명히 쓸모없는 일임에도 불구하고 차일피일 미루고 연기하는 경향이 있는데, 그런 불필요한 일은 즉시 제거해 줘야 한다.

14 밀당하면 바빠진다

직원들을 움직이게 한다는 것은 그들과 마음과 감정을 교류하는 것이다. 즉, 그들의 마음과 자기의 마음이 일치를 이룬다는 말이다. 그러기 위해서는 마음을 서로 주고받으면서 마음의 밀당을 해야 한다.

일치를 이룬다

서로 다른 환경에서 다른 생각을 하면서 살아온 두 사람의 마음이 단번에 맞는 경우는 없다. 우리가 전혀 가 보지 않은 길을 갈 때는 내비게이션이 있다고 해도 단박에 쉽게 찾을 수 있는 것은 아니다. 더군다나 마음이라는 것은 수억 개의 신경회로에서 전해진 생각들이 서로 모여서 만들어진 종합체다.

그러므로 직원과 마음의 맞지 않는 부분에 대해, 사격을 할 때 가늠쇠와 가늠자를 돌려서 영점을 조정하듯이 서로의 마음을 일치를 이루기 위해 서로 조정해야 한다. 그것이 바로 마음의 밀당이다. 마음을 서로 밀고 당기는 과정에서 서로가 갈등을 겪지 않고 마음의 일치를 이뤄야 한다.

일을 시키듯 하면서 시키지 않고 지시를 하는 듯하면서 지시를 하지 않고 강하게 밀어붙이는 것 같으면서 한발 뒤로 물러서야 한다. 또 적극적으로 간섭하는 듯하면서 마치 무관하다는 듯이 전혀 신경을 쓰지 않고 거칠면서도 부드럽게 업무를 시켜야 한다. 그것이 서로가 밀고 당기는 것이다.

그냥 계속해서 밀면 넘어지게 마련이다. 또 계속해서 끌어당기면 남의 힘에 의지를 하게 된다. 그러므로 넘어지지 않도록 적절하게 밀고 당겨 주어야 한다. 그래야 직원들이 매너리즘에 빠지지 않고 다른 생각을 할 여념이 없이 오로지 시키는 일에 매진하게 된다.

어디 가든 위험한 인물은 있다

직원들에게 일을 시킬 때에는 직원 주변에 있는 위험한 인물을 조심해야 한다. 성격적으로 다소 부정적이면서 매사 불평불만을 토로하는 사람이 직원들 곁에 있다면, 가능한 한 그 사람이 모르게 해야 한다. 또 일을 시킬 때에는 배재하고 일을 시켜야 한다.

톡톡 튀고 상식에서 벗어난 말을 하면서 조직 분위기를 산만하게 하는 사람과 함께 있을 때에는 그 일에 대해서 이야기를 하지 않는 것이 좋다. 또 가급적이면 그 사람 부재중에 일을 시켜야 한다. 그래서 어느 정도 정상 궤도에 오를 때까지는 당사자가 모르게 해야 한다. 물론 직원들에게는 그런 내색을 하지 않는 것이 좋다.

그런 사람들은 자기에게 특별한 권한을 주거나 남이 자기를 알아주면 아무 생각 없이 충성을 다하는 아주 단순 무식한 사람이다. 어떻게 보면, 생각의 깊이가 얕아서 순진하다고 할 수 있다.

그런 사람들과 함께 일을 할 때는 그 사람의 감정을 건드리지 않으면서 나는 당신의 적이 아니고 같은 편이라는 점을 부각시켜야 한다. 그런 사람일수록 자기편이라고 생각되는 사람을 위해서는 헌신적으로 봉사한다. 또 아주 사소한 말에도 감정이 롤러코스트를 타는 사람이라는 점을 생각해서 가급적이면 그 사람의 감정을 자극하지 않는 것이 좋다.

15 이끌면서 따르는 법을 배운다 👥

직원들을 움직이기 위해서는 그들에게 주도권을 주어야 한다. 사람들은 남이 시키는 일을 하기보다는 자기 책임이 다소 많더라도 자기가 주도적으로 하는 것을 좋아한다.

이끌면 보람이 있다

같은 일을 해도 남에게 시키는 자리에 있으면 더 힘들고 책임으로 인해서 심적인 부담을 많이 받을 것으로 생각되지만, 실제로는 그 일을 자기 마음대로 주도할 수 있다는 점에서 쾌감을 느끼고 그 행위 자체에 보람을 느끼기도 한다. 얼핏 생각하면 사람들은 일을 주도적으로 하게 되면 리더의 자리에 있기 때문에 책임감이 무겁고 높은 사람들로부터 질책을 받기 때문에 힘들 것이라고 생각한다. 하지만 일이 힘들어도 그 일을 통해서 보람을 느끼기에 더 좋아한다.

부하 직원에게 일을 시키는 입장에 있으면 일에 대한 사명감도 더 깊고 책임감이 강해서 다소 심적으로 부담을 갖지만, 오히려 일에 대한 애정이 더 깊다. 그것은 주인의식에서 발휘된다. 부하들이 자기가 결정한 대로 부하들이 움직인다는 것, 남을 시키는 것에 대한 쾌감, 자기가 하기 싫은 일도 말 한마디에

의해서 이뤄지는 것을 보는 재미 등 여러모로 리더의 위치에 있
으면 힘들기보다는 재미와 흥미를 느낀다.

그래서 직원들을 자기 마음대로 움직이게 하기 위해서는 그
일에 대한 주도권을 가지고 일을 하도록 해야 한다. 특히 많은
사람들이 관여하여 함께 일을 해야 하는 경우에는 그 사람들을
주도할 수 있는 권한까지 주어야 한다. 그야말로 전권을 위임
하되, 직원이 월권이나 권력을 남용하지 않도록 감찰기능도 강
화해야 한다.

안 보이는 것이 도와주는 것이다

직원들을 움직이기 위해서는 일을 맡겨야 한다. 일에 전혀 도
움이 되지 못하는 사람인데, 일을 시켜 놓고는 수시로 찾아가
서 마음에 부담을 주는 경우가 있다. 그런 사람들은 성격상 자
기가 일을 시키는 우월한 위치에 있음을 다른 사람들 앞에서 드
러내 놓고 싶어 하는 사람이다. 그런 사람은 일을 도와주고 일
의 진척도를 알아보기 위해 나타나는 것이 아니고, 자신의 존
재감을 드러내기 위해서 나타나는 것이다.

하지만 그런 것은 일을 하는 데 전혀 도움이 되지 않는다. 오
히려 나타나지 않는 것이 도움이 된다. 그러므로 자기가 존재
감을 드러내고 싶거나 남 앞에서 우쭐대고 싶은 욕구가 있다면
그것을 억제해야 한다. 남에게 차를 대여해 놓고서 그 차가 자

기의 자동차라는 것을 알리고 싶어서 그 사람이 운전하는 곳을 뒤따라 다니면서 자기 자동차라는 것을 알리는 사람처럼 우매한 사람은 없다.

그와 같다. 일단 일을 시켰으면 그 사람을 믿고 맡겨야 한다. 특히 상대방이 자기 주도적이고 열정적으로 하는 스타일의 성격을 가진 사람이라면 오히려 그 사람에게 모습을 나타내지 않는 것이 좋다.

무한 책임을 진다

직원들을 움직이기 위해서는 그들에게 책임을 전가하지 않아야 한다. 대부분의 사람들은 회사 일을 함에 있어서 전적으로 책임을 감당하려고 하지 않는다. 이왕 하는 월급쟁이 생활이지만 그래도 직장인으로서 소명의식을 가지고 적극적이고 자발적으로 자신에게 부여된 일을 하려는 사람이 드물다. 대부분의 많은 직장인들은 회사에 출근해서 안전사고 없이 안정되게 일하고 싶어 한다.

특히 50대 중반이 넘어서면 회사 일보다는 개인적인 일에 더욱더 혼신하려는 경향이 있다. 그런 사람들에게 일을 시키면서 책임까지 떠넘기면 일을 하려고 하지 않는다. 그러므로 직장인에게 일을 시킬 때에는 만약 일이 잘못될 경우에는 전적으로 자기가 책임을 지되 일이 잘된 경우에는 일에 대한 성과와 보상은 직원에게 모두 준다고 말해야 한다.

그런데 많은 상사들이 부하들에게 일을 시키고 일이 잘되면 그 성과를 자기가 차지하고, 일이 잘못되면 부하들에게 전적으로 책임을 전가한다. 하지만 그것은 리더로서 부하 직원을 아끼는 마음이 없기 때문이다. 또 자기와 부하는 하등의 관계가 없고 자기가 부하의 모든 것을 독차지해도 된다고 생각하는 독단적인 아집에서 발생된 것이라고 볼 수 있다.

흑기사가 **된다**

직원들을 움직이려고 하다 보면 일을 시켰는데도 일을 하지 않으려는 사람이 있기 마련이다. 이런 경우에는 직원들이 적극적이고 자발적으로 움직일 수 있도록 독려해 주는 사람이 있어야 한다.

직장의 리더는 바쁘다. 몸이 두 개라도 모자랄 정도로 일이 많다. 생산, 품질, 원가, 안전 등 조직의 수장으로서 조직 경영에 필요한 모든 것을 챙겨야 한다. 그런 리더가 일을 시키면 곧바로 부하들이 시킨 일에 대해서 긍정적인 태도로 일을 해야 하는데, 대부분의 많은 부하들이 상사가 힘이 없거나 유연한 태도를 보이면 핑계를 대면서 일을 하지 않으려고 한다.

이런 경우에는 자기를 대신해서 부하들에게 강한 압박을 가할 수 있는 참모를 곁에 두어야 한다. 그래서 자기는 앞에서 유연하고 부드럽게 지침을 내리되 뒤에서는 참모가 강하게 압박을 가하도록 하는 양동전략을 구사해야 한다. 앞에서는 부하의 불평불만을 이해한다고 말을 하되, 뒤에서는 참모를 통해서 자기가 지침을 내린 사항에 대해서 부하들이 움직이도록 강하게 압박해야 한다.

그런 충복이 자기의 곁에 있어야 한다. 충복이란 자기가 하고자 하는 일을 할 수 있도록 손과 발이 되어 주는 사람과 자기에게 유용한 정보를 제공해 주는 사람이다. 자기가 굳이 움직이지 않아도 알아서 움직여 주는 수족과 같은 사람, 그리고 자기에게 유용한 정보를 제공해 주는 눈과 귀가 되어 주는 사람, 마지막으로 자기가 하고 싶어 하는 일을 물불을 가리지 않고 열정적으로 행하는 조아爪牙와 같은 사람이 있어야 한다.

다른 사람을 가르칠 기회를 준다

직원들을 움직이기 위해서는 그들에게 다른 사람을 가르칠 기회를 주어야 한다. 사람들은 남에게 가르치는 것을 좋아한다. 또 혼자서 공부하는 것보다 다른 사람을 가르치다 보면 가르치는 과정에서 자기가 모르는 것을 알게 되고, 남을 가르치기 위해서 스스로 공부하게 된다.

사실 자기가 아는 것을 남에게 가르치는 것은 대단히 어려운 일이다. 자기가 아는 방식으로 가르치는 것이 아니라, 직원이 알고자 하는 방식으로 직원을 가르쳐야 하기 때문이다. 또 자기가 아는 것을 남에게 가르치기 위해서는 자기가 그 내용에 대해서 완전히 이해하고 있어야 하고, 그 이해한 것을 직원에게 가르치는 스킬도 있어야 한다.

또한 그 일에 대한 주인의식이 생기게 되고, 남을 가르치는 과정에서 배우게 되며 일을 하면서 남을 가르칠 때 무엇을 가르칠 것인가를 생각하면서 일을 하기 때문에 다방면의 관점에서 일을 하는 유익함이 있다. 혼자서 공부하면 하나를 배운다면 남을 가르치면서 배우면 세 개를 배우고, 직접 행하면서 남을 가르치면 4개를 배운다고 생각하면 된다. 혼자서 하는 학습보다 그룹으로 스터디를 하면 집단지성을 일으킬 수 있음과 동시에 오래도록 계속해서 학습하게 되는 효과가 파생된다.

또 남을 가르치는 사람은 은연중에 자기가 다른 사람과 달라야 하고 다른 사람들에게 비하여 솔선수범의 역할을 해야 한다고 생각한다. 다른 사람들은 몰라도 자기는 다른 사람에 비하여 빼어난 점이 있다고 생각하기 때문에 남의 일이지만 자기 일처럼 열정을 다해서 일하게 된다.

직원들이 리드하도록 내버려 두어라

직원들을 움직이기 위해서는 그들의 활동 반경을 넓혀 주어야 한다. 즉, 그들이 자율적으로 움직일 수 있는 영향력의 원을 크게 해 주어야 한다. 그러면 직원들은 자기 영향력 범위 안에서 하고 싶어 하는 것을 보다 적극성을 가지고 접근하게 된다.

물론 일을 시키는 사람의 입장에서는 자기 마음대로 하고 싶은 것은 당연하다. 하지만 그러한 마음을 참아야 한다. 모든 것을 자기가 다할 수는 없다. 자기가 시키는 일이라고 해서 자기 일이라고 생각해서는 안 되며, 직원들이 더 전문가라고 생각해야 한다. 자기가 일을 시켰어도 그 일을 시키는 순간, 일이 진행되는 과정에 대해서는 그 일을 맡은 사람이 주인이라는 생각을 가져야 한다.

직원들을 움직인다는 것은 직원이 피동적으로 움직이는 것이 아니라, 그들이 자율적이고 스스로 움직이게 하는 것을 말한다. 직원의 입장에서 자기가 주도적으로 이끌면서 일을 하고 있다는 느낌이 들도록 직원을 섬겨야 하고, 직원이 우러름을 받을 수 있도록 직원의 지위를 올려 주어야 한다.

그렇지 않고 괜한 자존심을 부리면서 자기 지위가 높다는 것을 부여 주기리도 하려는 듯이 직원보다 자기가 높다는 것을 은연중에 알리고 직원은 오직 자기의 관리 범위 안에서 놀아야 한다는 식으로 직원을 구속하는 것은 둘 다 패배하는 길이다. 항상 자기가 관리해야 하고 감독해야 하며 일일이 직원에게 일을 시켜야 한다고 생각하는 속 좁은 사람이 되지 말아야 한다.

주인으로 만든다

　직원들에게 무한대의 신뢰를 보이고 마치 형식적으로는 자기가 주인이지만 실질적으로는 직원이 주인이라는 생각이 들도록 하는 것이 그들이 가진 잠재능력을 최대한 활용할 수 있는 좋은 방법이다. 그러면서 직원들을 섬기는 마음을 갖되, 그들이 딴 마음을 갖지 않는지 혹은 직원들이 불법적인 사고를 치는 것은 아닌지를 항상 조심해서 물밑에서 확인하면서 감시해야 한다. 아울러 알고 있어도 모르는 척, 전문가여도 초보인 척하면서 직원들이 주인의식을 가지고 일할 수 있도록 낮은 자세로 임해야 한다.

16 불행은 뿌리째 뽑는다

　　　　　행복은 혼자 오지만 불행은 함께 온다. 이 말은 불행이 오면 또 다른 불행이 닥칠 수 있기 때문에 특별히 주의해야 함을 의미한다. 좋은 일이 일어나면 계속해서 좋은 일이 일어나는 경우보다는 나쁜 일이 일어나면 계속해서 나쁜 일이 일어날 확률이 높다. 호사다마好事多魔이다. 잘나갈수록 더 조심하고 근신해야 한다.

좋은 일에는 마가 낀다

직원들을 움직이는 과정에서 직원이 사고를 일으키거나 실수했을 때는 이를 간과하지 말고 아주 무거운 대가를 치르게 해야 한다. 작은 실수를 했기에 별것이 아니라고 그냥 넘기다 보면 깨진 유리창의 법칙에서 말하듯 가벼운 실수로 인해 더욱 잦은 실수를 하게 되고, 결국에는 상상할 수 없는 큰 실수를 할 수 있음을 알아야 한다.

그러므로 직원의 실수에 대해서 너그럽게 대하지 말고, 그러한 실수가 재발되지 않도록 환경적으로 완벽하게 방어를 해야 한다. 즉, 실수를 하려고 해도 실수하지 못하도록 아예 벽을 차단해야 한다.

조직에도 사고가 많이 발생하는 시점이 있다. 대부분의 사건사고가 많이 나는 시점은 환절기나 혹은 연말연시, 인사이동시점 등 대부분이 집중력이 흐려지는 시기다. 이런 이슈가 발생되었을 때는 기본의 실천을 강조하거나 근무기강을 확립하는 특별 기간으로 정해서 사람들을 긴장하게 만들어야 한다. 또 특별힌 기간에 특별한 기분 상태에 이르도록 특별한 이벤트를 마련해야 한다.

수시로 자극을 준다

직원들을 움직이기 위해서는 그들이 지시하고 시킨 내용을 잊지 않도록 계속해서 자극을 주어야 한다. 그로 인하여 그들이 깨어 있게 해야 한다. 한번 업무를 시켜 놓고 그냥 가만히 놓아두어도 알아서 잘할 것이라는 생각을 해서는 안 된다.

직원 본연의 심성은 착하고 그 일을 무리 없이 수행하는 데 아무런 문제가 되지 않는 사람이다. 하지만 그런 사람도 주변의 유혹에 의해서 흔들리게 되어 있다. 더군다나 주변 환경이 급속도로 변하고 수많은 유혹들이 난무한 작금의 세상에는 그런 사람이 더 많다.

그러므로 비행기가 계속해서 목표 지점을 향하여 계속 궤도를 수정하듯이, 다른 사람에게 일을 시켰으면 그 일이 계속해서 잘되도록 수시로 궤도를 수정하게끔 자극해야 한다. 잘되고 있는지 혹은 지원할 것은 없는지를 물어보는 것도 자극을 주는 것이다. 일의 진행 과정에 대한 중간보고를 받고 그에 관한 회의를 하는 것도 자극을 주는 것이고, 그 일이 정상대로 진행되는지 아니면 비정상으로 진행되는지를 꼼꼼히 챙겨 보는 것도 자극하는 것이라고 볼 수 있다. 또 예상하지 못한 상황을 미리 예측하여 그에 대한 대응책도 마련해야 한다.

17 변화무쌍하면 정신을 못 차린다 👥

직원들을 움직이기 위해서는 일정한 원칙을 제공해서 그 원칙에 따라 움직이도록 함과 동시에 적정한 상황에 따라 변칙적인 기술을 구사해야 한다.

변화에 대처한다

일을 하다 보면 상황에 따라 언제든 여건이 변동될 수 있다. 즉, 원칙에 따라 행동하다가는 일의 속도가 지체되고 일이 원활하게 흐리지 않을 공산이 크다. 그러므로 원칙대로 하는 것이 마땅하지 않을 경우에는 변칙을 적용해서 일을 하도록 해야 한다. 이때 그 변칙이 원칙에서 벗어나 불법적이거나 비도덕적이지 않아야 한다. 또 돌발 상황에서 원칙적으로 해서는 도저히 해결의 기미가 보이지 않을 때는 변칙을 활용해야 한다.

미생이라는 사람이 사랑하는 여인과 다리 아래에서 만나기로 약속했는데 그 여인이 나타나지 않았다. 그런데 미생은 다리가 물에 잠기는데도 그곳에서 기다리다가 어리석게도 목숨을 잃었다. 이 일화가 말해 주듯이, 일이 이뤄질 가망이 없는 원칙을 고사하는 것은 어리석은 짓이다.

그러므로 상황에 따라 임기응변의 전략으로 원칙과 새로운 변칙을 마련해서 운영해야 한다. 이때에는 처음에 만들어진 원칙이 오리지널 원칙이라면, 두 번째 만들어진 변칙이 새로운 원칙이다.

원칙과 변칙을 병행한다

『손자병법』에서 말하기를, 전쟁을 할 때는 정공법만을 고집하다보면 패배를 당하기 일쑤라고 했다. 그러므로 전쟁에서 승리하기 위해서는 정공법과 기계를 병행해서 잘 활용해야 한다고 말한다. 마찬가지로 직원들을 움직이기 위해서는 원칙만을 고집해서는 안 된다. 왜냐하면 하나의 원칙을 제공하면 그 원칙 안에서 또 다른 자기만의 불법적인 노하우와 꼼수를 적용해서 술수를 부리기 때문이다.

그러므로 적정한 시점에 변칙을 제공해서 직원들이 매너리즘에 빠지지 않고 생동감이 넘치는 움직임을 보일 수 있도록 변칙을 제공해야 한다. 즉, 중간중간에 새로운 정책과 원칙과 방향을 제시해서 직원들에게 쏠린 주도권을 다시금 자기에게 쏠리도록 해야 한다. 이때 새로운 룰이나 규칙이나 변칙은 직원들이 전혀 예측하지 못하는 것일수록 그 효과가 크다.

현장에서 일하는 직원들은 사무실에서 근무하는 사람들이 내려 주는 정책이나 방향에 대해서 불평한다. 현장 혹은 현장의 정서에 맞지 않으므로 다시 정책을 수정해야 한다는 등으로 모든 것을 현장에서 직원들이 마음대로 하는 것이 좋다는 형태로 여론을 몰아간다. 물론 맞는 이야기다. 사무실에서 앉아서 머리를 굴리는 사람보다는 직접적으로 생산에 임하는 현장 직원들이 주인이다.

그렇다고 해서 모든 것을 현장 직원들 위주로 일을 할 수는 없다. 이를 교묘하게 이용해서 모든 것을 현장 직원들 위주로 하려는 사람들이 있다면, 현장 직원들의 편의에 의해서 일을 하면 어떠한 문제가 발생되는지에 대해서 일목요연하게 설명해 주어야 한다.

병 주고 약 준다

직원들을 움직이기 위해서는 필요에 따라 병을 주고 또 경우에 따라서는 약도 주어야 한다. 그러면 직원들은 병 주고 약 준다고 불평을 할 것이다. 그런데 일을 하다 보면 직원들의 태도에 따라 병을 주어야 하는 경우에는 병을 주어야 한다. 직원을 형刑과 덕德으로 다스려야 한다는 말이 바로 이 말이다. 당근을 줘야 하는 경우에는 약을 주어야 하고, 채찍을 줘야 하는 경우에는 병을 주어야 한다.

역사 드라마를 보면 상대를 꼼짝달싹하지 못하게 하기 위해서 독에 중독되게 하고, 해독제를 주지 않는 상태에서 휘어잡는 경우가 있다. 또 삼장법사가 말을 듣지 않는 손오공을 다스리기 위해서 금고아를 머리에 쓰게 했듯이, 직원을 휘어잡을 수 있는 특별한 당근과 채찍이 있어야 한다.

18 공정함은 신뢰와 열정의 씨앗이다

직원들을 움직이기 위해서는 그들이 하는 일을 객관적으로 평가해야 한다. 사람을 점수로 평가하는 것은 비인격적인 면도 있지만 사람을 움직이게 하기 위해서는 어떤 형태로든 평가해서 그 측정치를 명분으로 삼아야 한다.

평가는 공정하게

사람을 움직이게 하기 위해서는 현재 시점에서 목표 지점을 향하도록 해야 한다. 그러기 위해서는 현재 점수를 알아야 하고 목표 점수를 알아야 한다. 그래서 그 갭을 채우기 위해서 어떠한 활동을 해야 하는가에 대한 전략이 구체적으로 제시되어야 한다. 이것이 바로 객관적인 평가 기준이 있어야 하는 이유다.

사람들은 일반적으로 공인된 기관에서 평가를 했을 때 그 평가점수에 수긍하게 된다. 왜냐하면 자기 점수에 대해서는 후하게 매기려는 경향이 있기 때문이다. 그래서 공자는 다른 사람에게 관대하고 자기 자신에게 엄격해야 한다고 말한다. 그

토록 사람은 자기를 합리화하는 존재다. 그러므로 직원들이 객관적으로 신뢰할 수 있는 공인기관에서 평가를 냉정하게 해야 한다.

깜짝 놀랄 정도로 보상한다

직원들을 움직이기 위해서는 적정한 시점에 동기를 부여해야 한다. 이때 긍정적으로 보상을 주는 경우와 자극을 주기 위해서 체벌하는 경우가 있다. 장기적으로 볼 때 보상을 하는 것은 여러모로 손해가 많다. 왜냐하면 자칫 보상을 받을 때만 열심히 하고 보상을 받고 나서 오히려 등한시할 수 있기 때문이다. 특히 물질적인 보상은 직원에 견물생심의 욕구를 불러일으켜 큰 반향을 일으킬 수는 있지만, 본질에서 벗어나 주객이 전도되는 문제점을 발생시키기 때문에 주의해야 한다.

그렇다고 해서 보상이 나쁜 것만은 아니다. 보상을 악의적으로 활용하는 사람이 있는 반면, 보상으로 인해서 전혀 관심을 보이지 않던 사람의 관심을 모을 수 있고 경우에 따라서는 보상보다 더 큰 이익을 얻을 수 있는 양면성이 있으므로 보상 규모를 적정하게 조절해야 한다. 아울러 물질적인 보상보다는 정신적인 무형의 보상을 주는 것이 효과가 크다.

19 아는 만큼 행동한다

직원들을 움직이기 위해서는 그들의 수준을 올려 주어야 한다. 직원들이 틀에 박힌 생각의 우물에서 벗어나 더 큰 물에서 놀 수 있도록 장을 넓혀 주어야 한다.

보고 들을 수 있도록 이끈다

가진 것이 망치밖에 없는 사람은 모든 것이 못으로 보인다. 그러므로 직원들이 더 많은 문물을 접하고 더욱더 새롭고 높은 수준의 기술을 접할 수 있도록 견문을 넓혀 주어야 한다. 아울러 자기가 먼저 깨어 있어야 하고, 직원들의 입장에서 당신을 믿고 따르면 자기 수준이 현재보다 더 나아지고 전문가로 성장한다는 확신을 갖게 해야 한다.

사람들은 자기가 보고 들은 것으로 만들어진다. 자기가 보지 못하고 들은 적이 없는 것으로는 미래를 만들 수 없다. 더 좋은 것을 보고 더 좋은 것을 느끼고 더 좋은 것을 만져 보고 더 좋은 것을 경험해 봐야 현재의 상태가 최상이 아닐 뿐만 아니라 아주 문제가 많다는 사실을 알게 된다. 그러므로 직원이 더 좋은 세상을 접할 수 있게 하고, 필요하다면 열심히 일하면 그간 맛보지 못한 신천지를 경험할 수 있다는 기대감을 갖게 해야 한다.

직원들의 실력이 유치원생 수준이면 결과물도 유치원생 수준으로 나오고, 대학생 수준이면 대학생 수준으로 나온다. 유치원생 수준에서 대학생 수준의 결과물은 나오지 않는다. 그러므로 직원들을 교육시켜야 하고 직원의 수준을 올리는 데 힘써야 한다. 왜냐하면 직원들의 수준이 조직의 수준이기 때문이다.

우수사례를 공유한다

직원들을 움직이기 위해서는 그들이 보다 쉽게 시작할 수 있도록 샘플을 제공해 주는 것이 좋다. 대부분의 경우, 하고 싶어도 어떻게 해야 할지를 몰라서 못하는 경우가 많다. 하기는 해야 하는데 어디서부터 어떻게 시작할지 갈팡질팡하는 사람들에게는 우수 사례를 샘플로 제공해서 그것을 토대로 일을 하도록 해야 한다.

이때 남의 것을 모방하다 보면 샘플만 모방하는 경우가 생길 수 있으므로 현재 모방하는 사례보다 더욱 창조적인 방안이 나오도록 지도해야 한다.

우물 안의 개구리기 된다

직원들을 움직이기 위해서는 그들의 시야를 넓혀 줘야 한다. 개인이든 조직이든 자기 개인의 생각이나 자기 조직의 생각 안에서 생활하면 우물 안 개구리와 같은 생각을 하게 된다. 매일 만나는 사람이 동일하고 보고 듣는 것이 매일 같은 환경 안에서 돌아가기 때문에 그다지 생각의 변화를 갖지 못한다. 이러한 경우에는 직원이 더 넓은 생각을 갖도록 해야 한다.

자기가 생활하는 영역 안에서 최고라는 생각으로 일하는 직원들의 고정관념을 깨 주어야 한다. 그러기 위해는 다른 부서나 다른 조직의 실력과 수준은 어느 정도인지, 또 그에 비하여 자기 조직의 실력과 수준은 어느 정도 인지를 알게 해야 한다. 한마디로 말해서 자기의 현재 위치를 알게 하고 자기 분수를 알게 해야 한다.

자주 하면 전문가다

직원들을 움직이기 위해서는 그 분야의 일을 많이 보고 듣게 해서 어느 정도 워밍업이 되도록 해야 한다. 예컨대 원가에 대한 업무를 하게 하기 위해서는 원가 분석에 필요한 용어와 정의를 알게 하고, 원가 시스템에 접속하여 그 프로그램에 숙달되게 해야 한다. 이에 더하여, 원가 관련 서적을 많이 접하게 하고, 부자가 되는 원가 관리 방법 등에 관한 재무 지식을 가르쳐 주면서 일에 대한 호기심을 발동시켜야 한다.

사람이 가장 흥미 있어 하는 단계는 조금만 더 노력하면 그 일에 대한 전문가가 될 것이라는 희망이 있을 때다. 또 자기가 일을 통하여 성장한다고 생각하거나 자기 존재감을 드러낼 수 있다고 생각하는 일에 흥미를 느낀다. 자기가 모르는 분야에는 전혀 관심을 보이지 않지만, 알 것도 같고 그러면서 막상 해 보면 뜻대로 되지 않을 시에 도전 의욕이 발동하여 그 일을 하고 싶어 한다.

그러므로 직원들을 움직이기 위해서는 그 분야에 대해서 기본기를 닦게 하고, 스스로 궁리하면 남과 다른 차별화된 자기만의 실력을 기를 수 있다는 확신을 심어 주어야 한다.

이론과 현실은 다르다

이론적으로 완벽한 장치도 실제 현장에 구현하면 작동되지 않을 때가 있다. 사람의 마음도 이와 같다. 심적으로 굳센 각오로 일에 임해도 실제로 부닥치면 생각처럼 되지 않아 쉽게 포기하는 경우도 있다. 이처럼 우리네 인생이 자기가 구상한 이론처럼 완벽하게 현실에 구현되는 경우는 거의 없다.

그러므로 남에게 일을 시켰다면 지시하고 명령했던 대로 그것이 현실에 잘 구현되는지, 혹은 자기 생각이 상대방에게 잘 전달되었는지를 유심히 관찰하면서 평가해야 한다. 사후 평가를 하면 늦는다. 중간중간에 진행 과정을 살펴야 한다. 그래서 자기가 원하는 방향으로 가지 않으면 왜 그러한지 그 원인을 파악하여 대처하고, 잘못된 방향으로 가고 있다면 바로잡아 주어야 한다. 또 상대방을 관찰하면서 잘한 경우에는 칭찬하고, 실수한 경우에는 동일한 실수가 재발되지 않도록 조치를 취해야 한다.

아울러 부하 직원이 하는 일을 통하여 배워야 한다. 그러기 위해서는 부하가 어떤 방식으로 일하고 자기와 어떤 점에서 다르며, 자기가 배워야 할 것은 무엇인가를 생각하는 자세로 관찰해야 한다. 그래서 일을 시키는 과정에서 서로 배우고 익히면서 함께 성장해야 한다.

참여시킨다

직원들을 움직이기 위해서는 그들을 자기가 시키고자 하는 일과 인연을 맺도록 해야 한다. 즉, 시나브로 이슬비에 옷이 젖듯이 상대방을 자기가 원하는 일을 하도록 해야 한다. 특히, 직원들이 접하지 않은 일을 시키고자 한다면, 먼저 직원들이 그 일에 대해서 거부감을 느끼지 않도록 시나브로 참여시켜야 한다. 회의에 참여시키든 아니면 그 일에 대한 실적 데이터를 관리하게 하든지 간에 어떤 형태로든 상대방을 자기가 하고자 하는 일에 끌어들여야 한다.

로버트 차일디니의 『설득의 심리학』에 '한 발 들여놓기 법칙'이 있다. 이 법칙은 사람들을 설득하려면 처음에는 아주 사소한 것을 요구하고, 상대방과 통교할 수 있는 친한 사이가 되면 더욱 큰 것을 요구해야 한다는 법칙이다. 상호 격의 없이 우정을 나눌 수 있는 절친한 관계가 되었을 때 비로소 자기가 원하는 것을 요구하는 설득 전략이다.

이처럼 사람을 움직이게 하기 위한 것도 처음부터 힘들고 어려운 일을 시키는 것보다 직원들이 전혀 마음의 부담을 느끼지 않고 손쉽게 할 수 있는 일을 먼저 시켜야 한다. 그래서 그들이 그 일을 완수하면 점점 더 강도 높은 일을 시켜야 한다.

명분과 이익이 힘이다

단체로 무슨 일을 할 때 가장 중요한 것은 많은 사람들을 참여시키는 것이다. 사람들이 많이 참여한다는 것은 그 일에 관심을 보이는 사람들이 많음을 의미한다. 그러므로 자기가 다른 사람을 통해서 하고자 하는 일이 있다면, 우선적으로 사람들을 많이 참여시켜야 한다. 일을 잘하고 못함은 그리 중요한 것이 아니다. 일단 사람이 많으면 붐이 조성된다. 또 그 일에 관심을 가진 사람들이 많다는 것 자체가 다른 사람들을 자기편으로 끌어들일 수 있는 명분이 된다.

앞서 말한 바와 같이, 사람을 움직이게 하기 위해서는 명분과 이익이 있어야 한다. 그래서 『군주론』에서는 명분으로 많은 사람들을 동시에 다스리고, 불평하거나 반항하는 사람들에게는 이익을 주어서 다스리라고 말한다. 광화문에서 촛불 집회를 했던 것이 나라의 주인을 바꾸는 명분으로 발전했고, 고려 말에 군주의 타락과 백성들의 구난이 역성혁명의 명분이 되었던 것처럼 사람들을 움직이기 위해서는, 이익을 주어서 따르게 할 사람에게는 이익을 주고, 명분을 주어서 따르게 할 사람에게는 명분을 주어야 한다.

20 호미로 막을 것은 호미로 막는다 👥

직원들을 움직이기 위해서는 불법적인 상황이나 기타 위험한 일이 발생되지 않도록 관리해야 한다. 일을 하다 보면 본의 아니게 뜻하지 않는 사고가 발생될 수도 있다.

즉시 바로잡는다

일이 잘못되고 있다는 것을 알면 그 즉시 바로잡아야 한다. 특히 조직에서 여러 사람이 하는 일은 더욱 그러하다. 이제는 SNS의 발달로 인하여 정보가 삽시간에 많은 사람들에게 전파된다. 그러므로 일이 잘못되었을 때에는 이를 신속하게 바로잡아야 한다. 특히 자기 잘못으로 인하여 일의 순서가 바뀌었거나 일이 잘못 지시된 경우에는 감추거나 대충 넘어가려고 하지 말아야 한다.

『한비자』에서 말하기를, 군주는 자기가 설령 부덕하고 비도덕적이어도 다른 사람들은 도덕적이고 신사적인 사람으로 인식되도록 철저하게 자기의 본심을 숨겨야 한다고 했다. 남을 내 마음대로 움직이게 하기 위해서는 이제는 투명해야 한다. 물론 투명하게 해야 한다고 해서 자기의 속내를 모두 드러내라는 것은 아니다. 자기의 속내는 숨기되 남에게 잘못한 것으로 드러난 것에 대해서는 신속하게 자기의 잘못을 인정하고 그에 따른 처벌을 받을 각오를 해야 한다. 그렇게 하는 것이 피해를 최소화하고 신뢰를 회복하는 길이다.

사람들은 진솔한 사람을 좋아한다. 그러므로 어렵고 힘든 상황에 처하면 자기가 무한 책임의식을 가지고 솔선수범해야 한다. 특히 문제가 생길 때에는 비상사태라고 생각하고 문제 해결을 위해서 힘써야 한다. 다른 사람을 이끄는 사람이 가장 기본적으로 갖춰야 하는 덕목은 바로 위기관리 능력이다. 아무리 좋은 결과를 낸다고 해도 위기관리 능력이 부족하다면 좋은 리더로 평가받을 수 없다.

해도 해도 안 되면 민낯을 공개한다

직원들을 움직이려고 하는데 계속해서 음지로 숨으려는 직원이 있다면 어떻게 해야 할까? 숨을 수 없도록 하는 방법과 숨어 있는 곳에서 나오도록 하는 방법이 있다. 숨을 곳이 없으면 숨을 수 없고, 숨었다고 해도 그 숨을 곳이 들통 나면 그 모습을 드러내게 되어 있다.

조직에는 조직의 그늘에 숨어 무임승차를 하는 사람들이 있다. 이런 사람들은 자기가 해야 하는 일임을 알면서도 마치 자기는 열외를 해도 된다고 생각하는 경향이 농후하다. 또 시간이 지나면 다른 것에 바빠서 신경을 쓰지 않을 것이라고 생각하면서 수수방관하는 경향이 있다. 그래서 유심히 관찰하지 않으면 그 사람의 존재 여부를 알지 못한다. 왜냐하면 항상 숨어 지내기 때문이다.

그런 사람들은 조직의 그늘에 숨을 수 없도록 이름을 거론해야 한다. 숨어 있는 사람은 끝까지 찾아서라도 대중 앞에 드러날 수밖에 없다는 생각을 갖게 해야 한다. 또 숨어 봤자 부처님 손바닥이고 뛰어 봤자 벼룩이라는 생각이 들도록 한 연후에 일을 시켜야 한다.

21 현장과 상사가 답이다

직원들을 움직이기 위해서는 상사의 지시사항을 중간에서 잘 전달해야 한다. 상사가 있는데 자기 마음대로 자기의 철학을 직원들에게 전달하는 것은 옳지 않다.

상사가 사장이다

직원들을 움직이게 하되 상사의 방식에 준하여 움직이게 해야 한다. 직장 생활은 주인의식을 가지고 주도적으로 행동하라고 해서, 자기 색깔이 나도록 직원들을 움직여서는 안 된다. 직장은 엄연히 위계질서가 있고 상하 간에 마땅히 해야 하는 역할과 책임이 있다. 자기가 그 업무를 담당하는 전담자라고 해도 상사의 지침을 받아서 일을 해야 한다. 그렇지 않고 자기 마음대로 모든 것을 하려고 하다가는 상사를 무시한다는 오해를 받을 수 있다.

자기 생각대로 직원에게 일을 시켜서 좋은 결과가 나와도 상사는 그것을 좋아하지 않는다. 왜냐하면 모든 상사는 부하 직원이 자기가 시키는 대로 행동할 것을 원하기 때문이다. 일의 결과는 이차적인 문제다. 그러므로 상사가 지시를 했다면 그대로 해야 하고, 자기 생각대로 하는 것이 오히려 좋은 것이라면 상사에게 건의한 후 다시금 변경 지침을 받아야 한다.

진짜 답은 현장에 있다

직원들을 움직이기 위해서는 현장에서 답을 찾아야 한다. 특히 자기가 움직이려고 하는 사람이 현장 사람이라면 더욱더 그러해야 한다. 대부분의 많은 조직의 리더들이 현장 상황을 제대로 파악하지 못하고 정책을 발의함으로써 많은 시행착오를 겪기도 한다. 단순히 책상머리에서 나온 전략으로 현장의 모든 것을 관리하려다 보니 많은 부작용이 생긴다. 또 이론적으로는 아무런 하자가 없는데 실제로 이를 행하는 과정에서 아귀가 맞지 않아 많은 문제들이 발생하기도 한다.

그러므로 직원들을 움직이기 위해서는 현장 전문가가 되어야 한다. 또 최소한 현장 사람들이 무슨 생각을 하고 있으며 어떤 마음으로 일에 임하는지를 알아야 한다. 그래야 현장 직원들에게 맞는 맞춤형 정책을 구현할 수 있다.

실제로 머리로 생각하는 것과 눈으로 직접 보는 것은 다르다. 백문이 불여일견이라는 말이 있듯이 백 번을 듣는 것보다 한 번 보는 것이 낫다. 백 명의 장님이 코끼리를 보고 그림을 그리는 것보다 온전한 한 사람이 코끼리를 직접 눈으로 보고 그리는 것이 코끼리의 그림을 정확하게 그릴 수 있는 것과 같은 원리다.

22 끝은 또 다른 시작이다

직원들을 움직이기 위해서는 일을 시켰을 때 정확하게 언제 시작해서 마칠 것인지에 대한 기간을 명시해야 한다. 유시유종有始有終이라는 말처럼 시작과 끝이 있어야 한다.

마무리를 확실히 한다

일을 하다 보면 일을 마쳤는지 아직도 진행 중인지를 명확하게 구분되지 않는 경우가 있다. 일을 유연하고 탄력적으로 하는 것이 오히려 좋을 수도 있지만, 많은 사람들을 움직이기 위해서는 일의 시작과 마무리를 확실하게 해야 한다. 대변을 보고 완전히 뒤처리를 하지 않는 것처럼 일하는 것은 결코 바람직하지 않다. 일을 했으면 깔끔하게 마무리해야 한다.

포맷 한다

직원들을 움직이기 위해서는 그들의 생각을 단순하게 해야 한다. 일을 하다 보면 일이 너무 많아서 무엇부터 해야 할지 망막한 상황에 처하게 된다. 그럴 경우에는 다시금 업무 지시를 명확하게 해 줘야 한다.

특히 직원과 오랜 기간 함께 손발을 맞춰서 일을 해 온 이심전심으로 통하는 경우도 있지만, 오래하면 오래할수록 일이 많아서 생각이 복잡해지고 이로 인해서 실행 속도가 늦어지는 경우도 발생된다. 그러므로 생각이 많은 것도 좋지만, 그것이 일을 실행하는 데 방해가 된다면 방향을 달리해야 한다.

오랜 시간이 지나면 자기도 모르게 심이 많아지는 것처럼, 오랜 기간 거래를 하다 보면 직원에게 자질구레하게 시키는 일이 많아져서 직원이 무척이나 생각이 복잡해지고 어려워지는 상황에 처하게 된다. 그런 경우에는 일시에 다른 사람으로 업무를 바꿔서 수행하도록 하는 것도 좋다. 그래서 특별한 일정이나 특별한 기회를 이용하여 이를 빅뱅의 기회로 삼아 다시금 시작해야 한다. 그러면 직원들은 다시 시작하는 새로운 마음으로 활력 있게 일하게 된다.

일을 줄곧 잘하던 직원이 일의 속도가 너무 늦어진다고 생각한다면 직원의 생활상의 문제에서 파생된 것인지 혹은 일이 많아서 무엇을 해야 할지 선택하느라 어려움에 처한 것인지를 파악해야 한다. 그래서 직원이 너무 힘들면 일을 줄여 주어야 하고, 가끔은 직원들에게 면죄부를 준다는 생각으로 모든 일을 다 백지상태로 하는 것도 좋다.

23 소통, 열정의 통행로

직원들을 움직이기 위해서는 그들과 지속적으로 상호 교류해야 한다. 서로가 계속해서 의사를 전달하고 서로가 하고 싶은 말을 함께 공유하면서 정보를 함께 나누어야 한다.

마음을 나눈다

직원들을 움직이게 하려면 그들에게 자기의 진심을 전달해야 한다. 그런데 마음은 변하지 않으려고 해도 변화되는 상황에 맞춰 일을 해야 하는 경우가 생기게 마련이다.

이런 경우에 대비하여 비상시에 언제든 직원과 연락 가능한 체계를 갖추어야 한다. 그렇지 않으면 위기 상황 시 불통으로 골든타임을 놓쳐 회복할 수 없는 상황에 이를 수도 있다. 그러므로 직원들과 항상 연락 가능한 통신 체계를 갖추어야 한다. 눈에서 멀어지면 마음에서 멀어진다는 말이 있듯이, 서로 연락하지 않고 지내면 자연히 멀어지게 된다.

공감하는 언어를 만든다

직원들을 움직이기 위해서는 그들과 동일한 언어를 사용해야 한다. 서로 공감하는 특별한 언어가 있다면 더욱더 유대관계를 친밀하게 할 수 있다. 아울러 특별한 키워드를 정해서 그 단어를 말하면 서로 공감하는 정도가 되어야 한다.

비근한 예로 의학용어는 의사들만이 아는 공통된 언어를 활용한다. 또 군사용어도 군인들이 주로 사용하는 언어다. 혁신에는 혁신의 용어가 있고 건축에는 건축용어가 있듯이, 자기와 직원이 둘만의 정보를 제공하는 약식 암호 등 상호 통교하는 특별한 언어를 만들어서 긴밀한 관계를 형성하는 것이 좋다. 그러면 직원들은 자기가 무슨 특별한 전문가인 양 새로운 것을 접하는 것 같고 뭔가 스릴이 있고 익숙한 것을 보다 새롭게 바라보는 관점을 가지게 된다.

슬로건을 외친다

직원들을 움직이기 위해서는 그들과 함께 슬로건을 만들어서 함께 복창해야 한다. 또 특별한 계명을 만들어서 서로가 교감하는 것이 좋다. 생각을 함께하게 하는 단초가 되는 것이 언어라는 점에서 선언이나 슬로건을 함께 외치는 것이 좋다. 일반적으로 사람들의 생각은 어떤 언어와 어떤 문장을 많이 구사하느냐에 따라 그 사람의 생각이 변화되고, 그 생각의 변화에 의해서 감정이 변하고, 그 감정의 변화에 의해서 행동이 변하게 된다.

24 목표가 열정을 부른다

직원들을 움직이기 위해서는 그들이 늘 도전적인 생각을 가지고 생활하도록 기반을 조성해 주어야 한다. 왜냐하면 직원들을 활력 있게 움직이도록 하는 가장 좋은 키워드는 바로 목표이기 때문이다.

목표는 목적 있는 표적이다

직원들을 움직이게 하기 위해서는 목표를 자주 이야기해야 한다. 오늘 하루에 해야 하는 목표, 내일은 어떤 점에 중점을 두고 일을 해야 한다는 등 직원들에게 일의 목표를 명확하게 심어 주어야 한다. 그러면 직원들은 정해 준 목표를 달성하기 위해서 안간힘을 쓰게 된다.

사실 목표가 없으면 자유롭고 좋지만 마음이 너무 느슨해지고 긴장감이 떨어져서 사람들이 일에 대한 흥미를 느끼지 못하게 된다. 그러므로 목표를 부여하여 적정하게 긴장감을 갖게 해야 한다.

아울러 조직의 목표 이외에 개인적인 목표도 갖게 해야 한다. 같은 일을 해도 아무런 목표가 없이 일을 하면 무료하다. 하지만 자기 스스로 목표를 정해서 생활하다 보면 그 나태함에서 벗어나게 되고, 그 일을 왜 하며 그 일을 함으로써 어떠한 유익이 있는지에 대한 의미를 새길 수 있어 좋다.

한도를 정한다

조직을 관리하다 보면 조직원들 중에는 일이 생기면 열정적으로 참여하는 사람이 있는 반면, 개인적으로 이익이 없으면 조직을 위한 일에는 전혀 참여하지 않는 사람이 있기 마련이다. 조직을 움직이는 데 있어서 많은 사람들을 움직이기 위해서는 명분이 있어야 하고 그럼에도 불구하고 그 명분에서 벗어나 호응을 하지 않는 사람에게는 이익을 주어서 그 사람이 움직이도록 해야 한다고 말하지만, 그렇다고 해도 개인에게 이익이 없다고 전혀 움직이지 않는 사람에게 매번 사정을 하면서 일을 하라고 독려를 할 수는 없다.

이런 경우에는 확실하게 최소한의 가이드라인을 제공해야 한다. 그래서 조직원이라면 조직을 위해서 마땅히 해야 하는 가장 기본적인 수치를 달성할 수 있도록 해야 한다.

컨셉을 담는다

직원들을 움직이기 위해서는 직원이 무슨 일을 하는지, 직원이 하는 일이 남이 하는 일과 무슨 차이가 있는지 등 일에 컨셉을 담아야 한다. 모든 사람들이 지문과 DNA가 다르듯이 일에 있어서도 직원 고유의 컨셉이 담기도록 해야 한다. 또 결과는 자기가 원하는 결과를 얻되, 그 일하는 컨셉에 있어서는 직원의 컨셉이 드러나도록 해야 한다. 그래야 직원도 자기가 하는 일에 대해서 보람을 느끼면서 일하게 된다.

비전이 열정을 부른다

직원들을 움직이기 위해서는 직원 개인의 발전과 함께 조직의 성장에도 기여하는 일을 시켜야 한다. 개인의 성장만 위하거나 조직의 성장만을 위한다면 한쪽 발이 없이 외발로 걸어 다니는 것과 같아 언젠가는 부작용이 생기게 마련이다.

간절함을 느끼게 한다

사람을 움직이게 하는 세 가지 요건은 간절함과 필요성을 느끼게 하고, 결핍을 알게 하는 것이다. 즉, 물에 빠진 사람이 지푸라기라도 잡으려고 하는 마음이 담긴 간절함이 있어야 한다.

이에 더하여, 그 일을 왜 하는지 그 일을 함으로써 자기에게 어떠한 이익이 있고, 그 일을 하지 않으면 자기에게 어떠한 손해가 있는지를 알게 해야 한다. 이때 이익에 중점을 두되 간헐적으로 이 일을 하지 않음으로 인하여 얼마나 큰 손해가 있는지를 알게 해야 한다.

또 자기가 얼마나 부족한 사람인지를 깨닫게 해야 한다. 자기가 제일이라는 자만에 차서 더 이상 일을 하지 않으려고 하는 사람이 있는데, 그런 우물 안 개구리와 같은 위치에 있는 사람의 시각을 넓혀 주어야 한다.

25 자리가 사람을 만든다

직원들을 움직이기 위해서는 그들에게 일정한 자리를 만들어 주어야 한다. 직원에게 특정한 자리를 만들어 주면 사람은 그 자리에 맞는 역할을 하게 된다.

자리를 마련해 준다

집에서 내가 왕처럼 살기 위해서는 아내를 왕비처럼 대우해야 한다고 말한다. 이처럼 직원들을 움직이게 하기 위해서는 일을 수행하는 데 필요한 자리에 맞는 사람으로 대우해야 한다. 명장으로 대우하면 그 사람은 명장에 걸맞는 실력을 기르게 된다. 아무리 실력이 없는 사람도 그 사람을 전문가라고 계속해서 불러 주면 자기가 전문가라는 소리를 듣고 싶어서 더 노력하게 된다.

사람들은 자기를 특정한 사람으로 다른 사람들이 인정해 주면 그런 특정한 사람이 되기 위해서 스스로 노력한다. 경우에 따라서는 남이 자기를 그렇게 특정한 사람으로 알아주지 않아도 자기 스스로 특정한 사람이라고 생각하는 자성예언을 통해 스스로 실행력을 증진하는 경우도 있다.

자기 스스로 자기가 해야 하는 사항을 찾아서 노력하는 과정, 자기 스스로 열정을 다하는 과정에는 자기가 되고 싶어 하는 미래의 위상도 있기 마련임을 알아야 한다. 그러므로 직원들을 움직이게 하기 위해서는 그들의 자리를 현재보다 더 높은 자리에 있는 사람으로 치켜세워 주어야 하고, 더 나아가 직원이 더 높은 사람이 될 것임을 주변 사람들에게 알려야 한다.

Epilogue

Epilogue

오늘도 현장을 누빈다

　필자는 기업체 일선에서 관행과 매너리즘에 빠진 직장인들을 보다 창조적이고 혁신적으로 움직이게 하는 혁신전문가로 활동하고 있다. 잠자고 있는 직원들의 잠재력을 깨워서 조직의 목표를 달성하는 데 기여하도록 하는 것이 필자의 가장 큰 역할이다. 그래서 우선적으로 내 자신을 늘 깨어 있는 사람으로 단련하는 데 주력하고 있다. 내가 창조적이고 혁신적으로 거듭나지 않으면 다른 사람을 그렇게 이끌 수 없기 때문이다.

　사람들을 움직이게 하는 방법은 숱하게 많다. 십인십색의 각기 다른 사람들에게 동기를 부여하여 조직이 원하는 방향으로 이끌기 위해서는 수많은 방법을 학습해야 한다. 또 실제로 조직의 특성에 맞는, 조직을 위한, 조직에 의한, 조직이 원하는 성과를 내야 하기 때문에 조직에 대해서도 많은 공부를 해야 한다.

　이 책을 읽었다고 해서 어떤 상황에서든 사람들을 움직이게 할 수 있다고 생각하는 것은 자만이다. 사람마다 각기 다른 개

성과 조직마다 특유한 조직문화가 반영되어야 하고, 시시각각
으로 변하는 사회와 문화의 정황에 발을 맞추며 조직을 이끌기
위해서는 그 흐름, 이른바 트렌드도 놓치지 말아야 한다. 다른
사람들이 보지 못하는 것을 볼 줄 알아야 한다.

 사람들을 이끌어야 하는 리더가 가장 경계해야 하는 것은 다
른 사람들의 입에서 남의 일에 신경 쓰지 말고 네 자신이나 잘
건사해야 한다는 말이 나오지 않도록 솔선수범하는 것이다. 자
기의 솔선수범이 바로 타인을 성장시키는 것이라는 점을 명심
해야 한다.

 사람을 설득하여 움직이게 하는 것은 가장 오래된 학문이자
기술이고, 그 완성이 없는 가장 수준 높은 공부이며 평생토록
정진해야 하는 여정이 아닐 수 없다. 설득은 단순히 학습으로
이뤄지는 것이 아니다. 설득하려는 상대방과 직접 교감해야 하
고, 상대방이 처해 있는 환경을 자기도 경험해 보아야 한다. 단
순히 책상머리에 앉아 머리로만 생각해서 얻어지는 테크닉이
아니다. 오랜 시간 반복적인 행동을 통해 온몸에 깊숙하게 체
화되어 있어야 한다.

 스스로 움직여라. 그리하면 어느새 수많은 사람들이 당신의
뜻에 따라 움직이게 될 것이다.